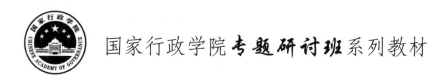

国家行政学院**专题研讨班**系列教材

中国城镇化建设读本

国家行政学院进修部 编

国家行政学院出版社

图书在版编目（CIP）数据

中国城镇化建设读本/国家行政学院进修部编 . —北京：国家行政学院出版社，2012.11

　　ISBN 978-7-5150-0555-3

Ⅰ.①中… Ⅱ.①国… Ⅲ.①城市化—建设—中国—文集 Ⅳ.①F299.21-53

中国版本图书馆（CIP）数据核字（2012）第 294563 号

书　　名	中国城镇化建设读本
著　　者	国家行政学院进修部　编
责任编辑	吴蔚然
出版发行	国家行政学院出版社
	（北京市海淀区长春桥路 6 号　　100089）
	（010）68920640　68929037
	http：//cbs.nsa.gov.cn
经　　销	新华书店
印　　刷	北京合众协力印刷有限公司
版　　次	2012 年 11 月北京第 1 版
印　　次	2013 年 3 月北京第 2 次印刷
开　　本	787 毫米×1092 毫米　16 开
印　　张	21
字　　数	218 千字
书　　号	ISBN 978-7-5150-0555-3
定　　价	56.00 元

本书如有印装质量问题，可随时调换。联系电话：（010）68929022

国家行政学院教材编审委员会

主任委员：李建华

副主任委员：何家成　洪　毅　周文彰　杨文明

委员
秘书长
（以姓氏笔画为序）

王仁璋　刘　峰　许耀桐　张占斌
那玉海　陈林祥　罗　洪　陈宏伟
张　文　胡建森　董玉宝　郭晓来
黄晓勇　王海光
董青松

目 录

协调推进城镇化是实现现代化的重大战略选择

李克强

　　城镇化是中国现代化进程中一个基本问题，是一个大战略、大问题。特别是在国际经济环境发生深刻变化、我国进入中等收入国家行列以及面临经济下行压力的新形势下，我们要按照贯彻落实科学发展观的要求，深入研讨城镇化科学发展的问题，这很有必要，意义重大。

一、城镇化是现代化应有之义和基本之策

　　研究探索城镇化问题，应放在人类发展的大格局、经济社会发展的大趋势中去思考。现代化是一个由传统社会向现代社会多层面、全方位转变的过程。从一定意义上讲，现代化是由工业革命引发和带来的，现代化的过程是工业化、城镇化的过程。新中国成立之初，就明确提出要实现从农业国向工业国转变的目标。即使在"文化大革命"后期，国民经济几乎到了崩溃边缘，仍然提出到上世纪末要实现农业、工业、国防、科学技术"四个现代化"。改革开放以后，又提出现代化"三步走"战略，明确到本世纪中叶基本实现现代化。现在我们实现现代化的目标更加坚定不移，就是要建设富强民主文明和谐的社会主义现代化国家。

　　什么是现代化？什么样的国家是现代化国家？国际上有不同的标准。但无论从联合国的标准看，还是从经合组织的标准

---

　　* 本文是时任中共中央政治局常委、国务院副总理李克强同志 2012 年 9 月 7 日在中央组织部、国家发展改革委和国家行政学院联合举办的省部级领导干部推进城镇化建设专题研讨班学员座谈会上的讲话，略有删改。

看，城镇人口和非农就业比例都是区分发达国家与发展中国家一个很重要、很清晰的界限。我们说我国还属于发展中国家，一个重要因素就是我国城镇化率比较低。而在实现了现代化的发达国家，城市化率基本上在75%～80%甚至更高，城镇人口比例和非农就业比例都很高。有人说，拉美一些国家城市化率也很高，有的国家甚至达到80%，为什么它们不叫发达国家而只能叫发展中国家？这主要是因为它们出现了城市二元结构，解决不好产业和就业问题，出现了大量贫民窟，落入了"中等收入陷阱"。

我国人均国内生产总值已超过5 000美元，按照世界银行的划分，已经进入中等收入国家行列。一些人认为，中国也处在应对"中等收入陷阱"问题的阶段。中国的情况确实比较特殊。人类历史上，已经实现现代化的国家有上亿人口、几亿人口的，但像我们这样一个有十几亿人口的大国要实现现代化，没有先例可循，更何况我们要继续以占世界不到9%的耕地、养活占世界20%左右的人口，这更是人类现代化史上前所未有的。工业化、城镇化是现代化的必然要求和主要标志，尽管工业化、城镇化进程中会面对粮食安全、能源资源支撑、生态环境承载能力等问题和挑战，但这条路是绕不过去的，我们没有别的选择，只能沿着工业化、城镇化和农业现代化"三化"协调发展的道路走下去。

人均收入也是现代化的重要标准。从中等收入国家进入高收入国家，人均收入必须提高到1万美元以上。要实现这一目标，必须协调推进工业化、城镇化、农业现代化。工业化处于主导地位，是发展的动力；农业现代化是重要基础，是发展的根基；城镇化具有不可替代的融合作用，能够一举托两头，有利于促进工农和城乡协调发展，可以有效提高农业劳动生产率和城乡居民收入。我在河南工作时曾测算过，在农村人均1亩2分地上做文章，不可能大幅提高农民收入，也不可能缩小城乡居民收入的差距，即使人均5亩地也难以做到，必须转移农村富余劳动力。同时也要看到，"三化"协调发展，是我们既定的目标，也是一个历史过程，不可能一蹴而就。

我国的基本国情决定了我们正处于并将长期处于社会主义初级阶段，长期处于发展中国家行列，城镇化还有很长的路要走，对这个基本判断要有清醒认识。在推进城镇化过程中，要对城镇化与现代化、城镇化与工业化、城镇化与农业现代化等关系，做深入研究。走中国特色社会主义道路，实现社会主义现代化目标是一个长期探索和实践的过程，也是人类发展史上最有意义、最具挑战的大问题，我们要从中国国情出发，研究探索城镇化的发展战略、发展目标和实现途径。

二、城镇化是我国最大内需潜力之所在

我多次讲过，城镇化是中国最大的内需，很多同志也有同感。2011年，我国城镇化率刚过50%，其中包括了半年以上常住人口。若按城镇户籍人口统计，城镇化率也就在35%左右。这说明我国实际的城镇化率还很低，不仅低于发达国家近80%的平均水平，低于一些与我国发展阶段相近的发展中国家60%

左右的平均水平，也低于世界52％的平均水平。有不少同志提出城镇化的核心是人的城镇化，对加快推进农民工市民化要有一个积极的考虑。实际上户籍人口比率提高需要一个过程，真正实现起来是比较艰难的，需要一步一步、扎扎实实地往前走。但反过来看，差距就是潜力。按照现行统计，我国过去20年城镇化率年均提高1.2个百分点，按此计算，城镇化率再提高20个百分点，还需要较长的时期。考虑到户籍人口城镇化率明显低于常住人口城镇化率，城镇化需要的时间会更长。真正的城镇化率应当是户籍人口的城镇化率，最后基本公共服务也应该是公平均等的。这是一个长期过程，也是一个巨大潜力，有着广阔的成长空间。

最近，联合国关于世界城市化展望的最新研究报告预计，中国城镇化从现在到2030年还会保持一个较快的速度，届时城镇化率将提高到65％～70％左右。国内外许多研究机构和专家学者也有类似的看法。目前我国每年从农村转移到城镇的人口有1000多万，相当于欧洲一个中等国家的人口总量，未来较长一段时期我国城镇人口还将增加3亿左右，相当于美国的人口总量。中国城镇化的规模和潜力，在世界发展史上是空前的。要看到我国城镇化进程的长期性、战略性、时代性，持续开拓经济社会发展的新空间。

城镇化的过程是农民转为市民的过程，这意味着消费观念的更新和消费结构的升级，意味着巨大消费潜力的释放。目前我国城镇居民人均收入是农村居民人均收入的3.1倍左右，人均消费也是农村居民的3.1倍左右。如果一个农民真正成为城市居民，收入和消费至少将扩大到 3 倍以上。有的同志提到，一些地方有农民不想把户口迁到城里来，也有城里人反而想把户口迁到农村去，愿意选择在农村居住，这种现象国内外都存在，但这没有也不能改变城镇化的大趋势。我在山东淄博考察时，同一位农村妇女交谈，她说现在温饱不愁、衣食无忧，最大的愿望就是过上城里人的生活。我认为这就是城镇化的根本动力所在。比如说，新建的农村社区有没有上下水？这是目前农村和城市一个很大的区别。千万不要小看上下水，当年美国罗斯福实施新政，很重要的一条就是盖房子，而房子好不好，很重要的一条就是有没有抽水马桶。后来有的经济学家就拿抽水马桶来衡量一个家庭是不是中等收入家庭。这可能不完全准确，但也是一个有效的衡量标准。

城镇化过程中农村富余劳动力向城镇转移，还意味着劳动生产率的提高，意味着经济发展质量和效益的提升。与世界各国相比，我国农业土地生产率很高，但劳动生产率较低，主要原因是存在大量农村富余劳动力。当年，我在河南做过调查，种植 1 亩小麦需要用多少工，1 年种两季要用多少工。那时农民 1 年务农的用工时间不超过 2 个月，现在 14 年过去了，随着机械化水平的提高，用工时间会更短。这样看来，农村还有相当多的富余劳动力，或者说农民就业是不充分的。我国之所以保持了 30 多年持续快速发展，之所以能够成功应对国际金融危机，党的领导、制度优势、政策应对都很重要，但还有一个基本动力和重要基础，就是中国人民的勤劳，投入工作的时间很长。我在辽宁工作时注意到，东北农村有"猫冬"的习惯，后

来慢慢发现城市赚钱的机会很多，务工的收入高，"猫冬"的人就少了，种完地就出门打工，多数人不愿意闲在家里。我国农业劳动力就业还不充分，还有相当大的空间，这也是发展的潜力所在。因此，从需求角度讲，城镇化有利于释放巨大的内需潜力；从供给角度讲，城镇化有利于大幅提高劳动生产率。

释放城镇化带来的内需潜力，就不能抬高城镇化过程中人口转移的门槛。这几年，我们抑制房价过快上涨，大规模推进保障性安居工程建设，既是保障和改善民生的现实需要，也是为了使工业化、城镇化进程不至于受阻。现在保障性安居工程中50％左右的任务是棚户区改造，就是为了避免出现城市二元结构，实际上有的城市已经出现了这类苗头，我们不能任其发展下去，否则就会出现"拉美现象"。对棚户区改造问题，需要高度重视。我们通常讲城乡之间二元结构制约现代化，实际上城市内部二元结构对发展的影响也很大，这在拉美一些国家表现为城市贫民窟。在我国，城市棚户区也具有二元结构性质。一些老企业的职工、已在城市就业的外来人口包括许多农民工，在城里没有基本的居住条件，也就没有基本的发展环境，这制约了工业化、城镇化和现代化进程。对此，应做深入研究、详细测算、科学规划，采取有效措施扎实解决。这是一个长期任务，不可能在三五年内完成，因为城镇化过程中城乡结合部可能还会冒出一些简陋而又集中的房子，还有城中村的问题，都需要不断研究解决。

建设保障性安居工程的目的，除了有利于抑制房价过快上涨外，就是要解决城镇低收入、中等偏下收入住房困难家庭的基本住房问题，并逐步让农民工进城后有个房子住，面积可以小一点，但得有住的地方。香港公屋和租屋占全部住房的50％，就是为了吸引各种劳动力群体，使城市充满活力。城市是一个综合体，它的有效运转和持续发展，需要各行各业的支撑，需要不同领域不同岗位的劳动者，就像有人形容的，城市不仅要有"拿手术刀"的，也要有"拿剃头刀"的，不仅要有"戴眼镜"的，也要有"戴安全帽"的。特别是我国城市正在快速发展之中，更需要一大批普通劳动者、建设者。我们必须本着以人为本的原则，在城市为这些普通劳动者和建设者提供安居乐业的环境，促进城镇化健康发展。

三、城镇化需要不断强化产业支撑

城镇化与工业化，可以说是一个问题的两个方面，二者相辅相成。城镇化需要产业发展来充实，通过产业发展促进就业和创业，同时城镇化也能为产业发展提供更好的平台。在一些东亚国家和地区，由于很好地协调了城市化、工业化发展，实现了现代化。相反，在拉美一些国家，还有东南亚一些国家，现代化进程出现反复甚至停滞，一个很重要的原因就是在城镇化过程中产业发展没能跟进，企业结构不合理，就业创业问题解决不好，出现了城市贫民窟等社会问题。这正反两方面的情况，值得我们深思。推进城镇化，应当坚持城市发展与产业成长"两手抓"，把城镇化与调整产业结构、培育新兴产业、发展服务业、促进就业创业结合起来。

　　我国的工业化尚未完成，还有很大发展空间，特别是国际产业结构调整为我们提供了难得的机遇。美国在应对国际金融危机中，提出了再工业化、制造业回归。最近国际上又在热议"第三次工业革命"，其基本特征是新一代互联网和可再生能源结合，以数字化制造、新型材料应用等为方向。我们在推进城镇化过程中，要用更广阔的国际视野，顺应世界科技产业变革的新趋势，加快发展战略性新兴产业，抢占国际竞争制高点。同时应当看到，我国传统产业在国际上具备相当的竞争优势，要注重传统产业的改造提升。要引导产业向城市和园区集中，促进企业集聚发展。回想起上世纪 80 年代中期，我国乡镇企业异军突起，那是对中国特色工业化的一种探索，对推进工业化进程发挥了重要作用。但"村村点火、户户冒烟"的模式今天已经走不下去了，需要集中布局、集聚发展，这也是大家已经形成的共识。

　　城镇化与服务业发展密切相关，城镇化创造了大量需求，服务业也就起来了。传统农业自给自足，而城市生产生活很大程度上是相互服务。城镇化过程中人口的集聚、生活方式的变革、居民生活水平的提高，都会扩大生活性服务业需求；城市生产要素的配置、三次产业的联动、社会分工的细化，也会扩大生产性服务业需求。就第二产业而言，随着工业结构优化升级、自动化和信息化水平提高，相应会减少一些就业。而服务业虽然在很大程度上也可以信息化，但由于其自身特点，个性化要求非常高，发展的种类多、空间大，会大大增加劳动力就业。服务业是城镇就业最大的容纳器，发达国家走过的路子也反映了这一点。目前，发达国家服务业产值和就业比重都在 70%～80%以上，已经形成以服务业为主体的产业体系。比如，欧洲等发达国家在医疗服务方面的支出相当于国内生产总值的 10%，美国高达 17.6%。我国目前服务业增加值比重只有 43%，就业比重只有 36%，医疗服务支出比重约 5%，发展的潜力很大。还要看到，我国目前有 1.7 亿老龄人口，社会呈老龄化趋势，发展老龄服务和医疗服务，能够形成一个就业容量很大的产业。我们要把推进城镇化与繁荣服务业结合起来，加强政策引导和体制机制创新，充分挖掘和释放其中蕴含的发展潜力。

四、保障粮食安全是城镇化发展的基础

我国的城镇化，是与工业化、农业现代化协调推进的城镇化。作为一个人口大国，任何时候都要立足自己解决粮食问题，始终绷紧粮食安全这根弦，这是治国安邦的头等大事，也是农业现代化建设的首要任务。即使未来我国城镇化率达到 65%～70%左右，还会有几亿人口在农村生产生活。农业、农村、农民问题始终是中国面临的巨大挑战和重大问题。没有农业的发展、农村的繁荣、农民的富裕，就不可能有城镇的繁荣与发展。纵观世界发展史，一些国家在工业化、城镇化过程中，曾因一度忽视农业、农村和农民，付出了惨痛代价。因此，绝不能以牺牲农业和粮食来推动工业化、城镇化，这是必须始终坚持的。要算大账的话，推进城镇化是有利于节约集约利用土地的。河

南同志给了一个数据，全省农村人均建设用地 248 平方米，远高于城镇人均建设用地 100 平方米左右的水平。从理论上讲，城镇化可以大量节省建设用地，但实际操作并不那么简单，因为土地调整客观上存在空间和时间上的协调与匹配问题，需要创造必要的政策和体制条件。对此，在"三化"协调推进中要认真加以对待。

我国粮食生产虽然已实现"八连增"，但今后一个时期，随着人口增加和城镇化进程的加快，对粮食的需求仍将呈刚性增长，保障粮食安全的任务依然十分艰巨。解决粮食问题，根本上要靠科技和农业现代化。我们应着眼提高农业综合生产能力，完善强农惠农富农政策，因地制宜用现代技术支撑农业、现代设施装备农业、现代组织方式经营农业，保障粮食和主要农产品有效供给，牢牢把握粮食安全的主动权。保障粮食安全，保护耕地是关键。十分珍惜和合理利用每寸土地、切实保护耕地是我们的一项基本国策，推进工业化、城镇化，必须毫不动摇地坚持这项基本国策。必须切实处理好建设占地和耕地保护的关系，这个问题必须认真对待，以切实保障粮食安全。

五、推进城镇化需要深入研究一些重大问题

推进城镇化，面临的重点难点问题很多，不少问题没有现成答案，各地情况又有较大差异，需要在实际工作中深入研究和探索一些重大问题，走出一条符合中国实际的发展路子。

第一，城镇化战略问题。这实际上是中国城镇化战略与现

代化战略如何衔接的问题。可以说，实施城镇化战略，能够使我国巨大的回旋余地得以充分施展。我到欧洲去访问，对方担心这样那样的问题，但只要跟他们讲中国的城镇化前景，他们就会兴奋不已，觉得中国的市场实在太大，有合作的机会。如果只跟他们讲产业，讲中国要加快哪些产业的发展、提高哪些产业的层次，他们就觉得是在与他们竞争，就会琢磨怎么搞反倾销来限制我们。我国是一个发展中大国，需要提升核心竞争力，该发展什么产业就发展什么产业，但也需要营造一个国际合作发展的空间。潜力巨大的中国城镇化，既是中国经济增长最强大、最持久的内生动力，也是我国拓展与世界各国合作的新平台。因此，我们要从现代化建设的全局出发，着眼国际政治经济格局的变化，乃至站在保障国家安全的高度，统筹研究和实施城镇化战略。

上世纪 30 年代，我国有一位地理学家胡焕庸，他画了一条线，一直被国内外人口学者和地理学者所引用，称为"胡焕庸线"。这条线从黑龙江的黑河到云南的腾冲，大致是条 45 度的倾斜线。当时，这条线东南方占 36％的国土居住着全国 96％的人口，所以他断定这条线的东南方是最适合人居的。这些年也确实是东南方发展得快，人口聚集得多，但中国有 960 万平方公里的陆地面积，有 56 个民族，如果都在这条线东南方发展，不利于全面推进现代化建设，也不利于保障国家安全。城镇化布局既要遵循经济规律，也要考虑国家安全。我国东中西部地区城镇化发展很不平衡，呈明显的东高西低特征，长三角、珠三角、环渤海三个相对成熟的城市群都分布在东部地区，而中

西部地区城市发育明显不足，这导致了人口长距离大规模流动、资源大跨度调运，极大增加了经济社会运行和发展的成本。如何在中西部一些发展条件较好的地区，加快培育新的城市群、形成新的增长极，值得认真谋划和推进。

我国在城镇化形态上，不同规模和层次的城镇发展也不协调。目前，中小城市发育不够，小城镇数量多但规模小，集聚产业和人口的能力十分有限。1.9万多个建制镇建成区平均人口仅7 000多人，相当多的镇不足5 000人。怎样找出有效的办法，积极挖掘现有中小城市发展潜力，更好发展小城镇，把有条件的东部地区中心镇、中西部地区县城和重要边境口岸逐步发展成为中小城市，也是一项紧迫的课题。

第二，土地利用问题。人多地少是我国城镇化的最大制约因素。但在提高耕地利用效率上还有空间，这主要表现为我国农业科技水平和耕地的有效灌溉面积并不高，像黑龙江、河南这样的产粮大省，有效灌溉面积分别约为1/3和2/3，中低产田还有很大的改造空间。推进城镇化的过程是资源和要素在空间上优化的过程。这其中，最重要的是土地资源的集约利用、高效配置，一定要坚持集约发展、有序发展，根据资源环境承载能力合理确定城市发展规模，完善城镇建设用地标准，强化人均建设用地指标控制，挖掘存量用地潜力。比如，云南目前"城镇上山"的做法，也是城镇化中转变土地利用方式的一种探索。

现在，有些地方从农村人口转移、村庄变化的形势出发，在村庄整治、土地整理等方面做了一些工作，引导农民向城镇、中心村适度集中居住。这种探索，启发了大家对提高城乡建设用地效率的思考。但如何规范运作，确保农民的合法权益，避免出现农民"被动上楼"、耕地"占优补劣"等现象，需要在实践中切实把握好。还有征地制度改革，怎样逐步建立城乡统一的建设用地市场、探索实行合理的有差别的政策等问题，不少地方都有些实践。如何总结经验、更好顺利推进，也需要认真研究。

第三，户籍改革问题。把符合条件的农民工逐步转为城镇居民，是推进城镇化的一项重要任务。近年来，各地围绕户籍管理制度改革，在居住登记、积分落户等方面进行了创新，为解决人口城镇化问题积累了一定经验。全国统一的居住证制度，也正在研究之中。目前我国约有 1.6 亿的外出农民工，其中六成多在地级以上城市，两成多在县级城市，不到一成在小城镇。在人口城镇化进程中，各类城市如何根据综合承载能力和发展潜力，科学制定农民工落户条件，实行差别化户籍政策，需要做进一步研究探索。比如，在一些特大城市及大城市，如何既适当控制人口规模，又保持有活力的就业结构？在中小城市，如何鼓励人口融入，更好地发挥集聚功能？这些都要重点研究。在具体工作中，应充分尊重农民工自主选择的权利，以具备条件的农民工为重点推进试点，综合考虑户籍改革在促进基本公共服务均等化和优化社会管理方面的双重作用。

第四，资源支撑问题。能源资源不足是我国的一个基本国情，这个国情决定了我国城镇化必须按照科学发展的要求，走节约集约、绿色低碳发展的路子。当我国城镇化率达到发达国

家水平时，将有 10 亿左右的人口在城市生活，能源资源能不能支撑、怎么支撑？确实需要深入研究。比如用电，目前全国人均用电量远没达到发达国家的水平，而城市用电水平又明显高于农村，农民变市民后即使按目前城市居民水平计算，用电量也会大幅增长，这就有一个怎么办、从哪里来的问题。还有油气资源，目前我国石油对外依存度已达到 57%。水也是如此，城镇居民用水高于农村居民，农民变市民后生活用水会大量增加。现在为了保障北京、天津等北方一些城市供水，已经实施大规模的南水北调工程，将来怎么办？这些都是制约因素。如何立足国内解决能源资源问题，是城镇化进程中必须破解的一道难题。

第五，生态环境问题。随着城镇化的推进和人民生活水平的提高，对城市环境和生态质量的要求也越来越高。前不久，社会热议 PM2.5 问题，也说明了这一点。虽然农业污染量也比较大，但随着人口向城镇集聚，城市水环境和空气环境污染的问题会更加突出。在城镇化过程中，如何在工业生产和城市建设中抓住重点领域和环节，推进节能减排，如何在城镇居民中推广绿色生活方式和消费模式，也是一篇具有全局意义的大文章。

我国的城镇化发展，需要立足国情、开阔视野，有一个通盘的考虑，也需要一些重大的政策考量。目前，国务院有关部门正在研究制定城镇化发展规划，要明确长远方向和战略任务，提出一些重大思路和举措，以指导全国以及各地的城镇化。在市县层面，也要探索经济社会发展规划、城乡规划、土地规划

"三规合一"，以便更好地把各方面工作统筹起来。

　　总之，只要我们从国情出发，以科学发展观为指导，按客观规律办事，就一定能把城镇化这一重大战略实施好，为加快转变经济发展方式、为促进经济长期平稳较快发展、为实现中华民族伟大复兴作出更大贡献。

转变城镇化发展方式
提高城镇化发展质量
走出一条中国特色城镇化道路

马 凯

改革开放以来，我国城镇化的实践不断发展，我们对城镇化的认识也不断深化。党的十六大作出了走中国特色城镇化道路的战略决策，党的十七届五中全会对积极稳妥推进城镇化作出了具体部署。深刻认识推进中国特色城镇化的重大意义、科学内涵和重点任务，积极稳妥推进城镇化进程，是全面建设小康社会和实现社会主义现代化的重大战略任务。利用今天这个机会，我围绕推进中国特色城镇化问题讲三点意见，供大家在学习中讨论参考。

一、我国城镇化发展进入关键阶段

城镇（城市），最初是在农业生产有了剩余、手工业从农业分离，进而商品交换扩大形成固定交易市场并与防御性城堡融为一体逐步发展起来的。城镇化，则是随着工业化发展，非农产业不断向城镇集聚从而人口向城镇集中、乡村地域向城镇地域转化、城镇数量和规模不断扩大、城镇生活方式和城镇文明不断向农村传播扩散的历史过程。城镇化是人类社会经济发展的必然趋势，是社会文明进步的重要标志。

当前，我国工业化正处在中后期阶段，全国人民正在为实现全面小康社会目标进而基本实现现代化而努力奋斗。世界各国的发展经验表明，现代化是依托工业化、城镇化由传统农业社会向现代社会转变的过程，城镇化与工业化、现代化相伴而

＊ 本文是时任国务委员兼国务院秘书长、国家行政学院院长马凯同志 2012 年 9 月 2 日在国家行政学院 2012 年秋季开学典礼暨省部级领导干部推进城镇化建设专题研讨班开班式上的讲话。

行、相互促进。城镇化是国家现代化的重要内容，也是衡量一国现代化水平的重要标志。顺应人类社会发展规律，积极稳妥推进城镇化，对于继续顺利推进我国现代化建设、加快建成全面小康社会，具有至关重要的作用。

第一，城镇化是保持经济持续较快发展的强大支撑。内需是我国经济发展的根本动力，而扩大内需的最大潜力在于城镇化。城镇化能够有力拉动消费需求。一般来说，城镇居民人均消费水平远高于农村居民。2011 年我国人均消费支出城镇居民为 18 750 元，农村居民为 5 633 元，城镇居民为农村居民的 3.3 倍。随着城镇化的推进，一方面能带动大量农民转为市民，其消费结构的升级和消费水平的提高将引发巨大的消费需求；另一方面，随着农村剩余劳动力的转移，为农业规模化经营创造了条件，农民收入提高后又会不断提升农民消费需求。城镇化能够有力拉动投资需求。城镇化需要大量的生产性投资，以创造就业岗位并满足不断增加的消费品需求；城镇化需要大量的基础设施和公共服务投资，以加快供电、供水、道路、通信、燃气、热力、垃圾污水处理等设施建设，教育、卫生等公共服务设施建设，以及商贸、金融等各类服务业的设施建设；城镇化需要大量房地产投资，以满足住房需求和工商业生产经营需要。这些投资是由于城镇化本身引致的，是有客观需求基础的，一般不会造成新的产能过剩。如果说工业化和农业现代化是巨大的供给能力不断提升的过程，那么城镇化则是巨大的内需潜力不断释放的过程，将为我国经济长期健康发展提供持续内在动力。诺贝尔经济学奖获得者斯蒂格利茨就曾预言，美国的新技术革命和中国的城镇化，是 21 世纪带动世界经济发展的"两大引擎"。

第二，城镇化是推动经济结构调整升级的重要抓手。经济结构失衡是长期制约我国现代化建设的一个突出问题，从产业结构看，集中体现在一、二、三次产业比例不协调，农业基础薄弱，工业大而不强，尤其是服务业发展严重滞后，成为制约经济发展的短腿。目前主要发达国家服务业在国内生产总值中的比重大多在 80％以上，与我国同等人均收入水平的国家也大多在 54％左右，而我国多年来徘徊在 40％多一点。造成我国服务业发展滞后的重要原因之一，就是城镇化发展质量不高，不少地方服务业发展所需的"入门人口"规模达不到，缺乏需求支撑。城镇化带来的人口集聚和产业集聚，不仅能够推动以商贸、餐饮、旅游等为主的生活性服务业和以金融、保险、物流等为主的生产性服务业的发展，而且能够推动教育、医疗、就业、社会保障等公共服务的发展，从而能够使服务业范围不断拓展、规模不断扩大、质量不断提高、比重不断提升，最终改变服务业发展滞后的局面，推动形成一、二、三次产业协同拉动经济增长的格局。同时，城镇化有利于工业结构转型升级，通过资源整合和优化配置、聚集人力资源等，促使企业形成充分竞争，增强创新动力和能力，提高科技进步与经营管理水平，推动我国工业由大变强。从全国范围看，城镇化是资源在区域之间逐步实现优化配置的过程，最终有利于实现区域协调发展。总之，如果城镇化这步棋走好了，可以加快扭转经济结构失衡的局面，使经济发展的质量得到大幅度的提高和改善。

第三，城镇化是解决"三农"问题、促进城乡协调发展的重要途径。建成全面小康社会、实现现代化，难点、重点在于解决好"三农"问题。然而要解决中国的"三农"问题，绝非易事。我国人均耕地仅一亩半，从人多地少这个最基本的国情出发，要解决"三农"问题，仅靠农业自身、农民自身、农村自身是难以从根本上解决问题的，必须打破城乡二元结构，超越农村层次，在更大范围优化配置城乡土地、劳动力、资金、技术等资源。要发展农业，必须发展非农产业；要富裕农民，必须减少农民；要繁荣农村，必须发展城镇化。这就是事物发展的辩证法。城镇化有利于加快农业现代化。从总体和长远看，城镇化有利于节约土地资源，腾出宝贵的空间资源用于发展农业和保护生态。城镇化使农村人口不断减少、农民人均占有资源量提升，这使农业规模经营和农业机械化成为可能，从而成为实现农业现代化的必要条件。城镇化是城市人口增加、消费结构和水平不断提升的过程，这使全社会对农产品的数量、品种、质量、安全提出了更高的需求，从而成为农产品持续发展、不断升级的不竭动力。同时，只有工业化、城镇化发展到一定水平，才能实现向"工业反哺农业、城市支持农村"的转变，有条件逐步加大反哺和支持的力度，用现代物质条件装备农业，用现代科技改进农业，用现代产业体系提升农业。城镇化有利于农民增收。我国农村人多地少，农民多处于不充分就业状态，这是造成我国农民收入水平低的重要因素。在这个意义上讲，"只有减少农民，才能富裕农民"。在城镇化进程中，大量农民转向非农产业就业，可以直接增加农民非农收入；农村规模经营和农业现代化水平的提高，可以提高农民务农收入；城郊土地升值使部分农民分享土地增值收益，可以增加农民财产性收入。城镇化有利于新农村建设。随着要素流动和城乡统一市场的形成，随着城乡基础设施建设一体化和城乡公共服务一体化的推进，农民的生产条件、生活环境和整个农村面貌将会发生深刻变化。

第四，城镇化是提高人民群众生活水平、促进人的全面发展的重要举措。城镇化作为人类文明进步的产物，既能提高人类生产活动效率，又能为人类提升生活质量和水平创造更优越的条件。随着城镇化的推进，城镇水电路气等基础设施逐步完善，公共服务能力不断得到增强，文化事业不断发展，生态环境持续得到改善，城镇运行效率会进一步提高，居民生活会更加舒适便捷，精神文化生活会更加丰富多彩。城镇化使越来越多的农民转为市民，在劳动就业、工资福利、子女就学、公共卫生医疗、社会保障等方面享受平等权利，分享现代文明的成果，同时也使农村生活质量和水平相应得到改善提高。因此，城镇化发展是不断满足人民群众新期待、促进人的全面发展的阶梯，是加快建成全面小康社会的必由之路。

改革开放以来，随着经济持续快速发展，我国城镇化发展也取得很大进步。城镇化率快速提升。2011 年城镇化率由 1978 年的 17.9% 上升到 51.3%，城镇人口总量历史性地超过农村人口，标志着城乡经济社会结构发生重大变化。城镇规模扩大、数量增加。2010 年我国城市数量由 1978 年的 193 个增加到 657 个，超过 100 万人口的城市由 29 个增加到 125 个，建制镇由

2 173个增加到 19 410 个，城市群逐步形成。城镇设施和功能不断完善。城镇道路交通和通信设施不断完善，供水普及率、燃气普及率、污水处理率和生活垃圾无害化处理率等指标显著提升，新农村建设力度不断加大，城乡面貌焕然一新。城镇化发展取得的这些成果，是我国改革开放累累硕果的重要组成部分。

但是，我们也要看到，由于历史传统、经济社会、体制机制等多方面深层次的原因，也由于我们对走中国特色城镇化道路的认识有一个逐渐深化的过程，我国城镇化发展过程中也出现了一些必须高度重视和需要着力解决的问题。一是城镇化发展水平总体滞后。从国际比较看，我国与工业化发展水平、人均 GDP 水平大体相当的国家相比，城镇化率是偏低的。从城镇化与工业化进程相比，我国在 20 世纪 70 年代以后，工业增加值已经超过农业增加值，进入工业化加快发展时期，而我国城镇增加人口超过农业增加人口则是 80 年代以后的事情，说明我国进入城镇化加速发展时期至少从起点上落后了十几年。从城镇人口数量看，人口城镇化明显滞后于土地城镇化。我国城镇化率 2011 年为 51.3%，但其中包括了规模达 1.59 亿在城市工作半年以上、户籍在农村的农民工及随迁人口。这部分人口并未真正融入城镇、享受城镇居民的公共服务，还不是真正意义上的城镇居民。不包括这部分"半城镇居民"，按户籍计算的城镇化率只有 35% 左右，远低于世界银行统计的中等收入国家平均 48.5% 的水平。从城镇化质量看，发展滞后更为明显。城镇化发展中"重面子轻里子"、"重地上轻地下"、"重硬件轻软件"、"重短期轻长期"等问题突出，造成城市功能不完善、不协调。城市地下空间普遍缺乏统一规划和有效利用。有的城市基础设施建设滞后，有的城市公共事业投入严重不足，一些大城市、超大城市交通拥堵、环境污染、住房紧张、空间拥挤、安全风险严重、生态空间不足等"城市病"显现。二是城镇化发展方式粗放。城镇化过程中过度依赖低成本的资源进行数量扩张。2000—2010 年全国城镇建成区面积扩张了 64.45%，而城镇人口仅增长了 45.9%，城镇用地规模扩展过快，全国城镇化呈现低密度化和分散化倾向。一些城市形成"摊大饼"式的空间扩张形态，盲目建设大马路、大广场、大厂区、标志性建筑等，浪费了宝贵的土地资源。一些城市发展超出了资源环境承载能力，"旧账未还、又欠新账"，人口、土地、资源、环境的矛盾日益突出。特别是水及其带来的问题尤为严重，全国650 多座城市，有 400 多座城市缺水，110 座严重缺水。一些地方城市发展相互不协调，产业和功能相互雷同，特别是城市群发展不足，作为主体形态的规模效应、集聚效应和节约集约利用资源的效应没有得到很好发挥。三是城镇空间分布和规模结构不尽合理。城镇化水平呈"东高西低"特征，东部一些地区人口、土地、资源矛盾加剧，中西部许多地方潜力还没有充分发挥，城市群数量不足与质量不高并存，中小城市潜力尚未充分发挥出来，小城镇数量多、规模小、功能有待提升。四是城镇化发展的产业支撑不强。工业化、城镇化与服务业的发展没有形成良性循环，产业集聚带动社会分工深化细化不够，人口城镇化滞后导致需求拉力不强，服务业发展严重滞后。一些地方搞城镇化只是盲目跑马圈地，"开发区"、"工业园区"、"城市

新区"有其名而无其实。一些中小城市、小城镇产业发展和集聚缺乏支持，造成产业发展吸纳就业的能力不高，对城镇化发展支撑能力低下。五是城镇化过程中城乡矛盾突出。一些地方城镇化发展缺乏城乡统一规划，城市发展和农村发展"一头重、一头轻"，反哺农村力量薄弱，耕地减少过多过快，影响农业发展，没有达到提升农业、富裕农民、建设农村的效果。有的地方甚至违背农民意愿"迁村并点"，要求农民"上楼"、"腾地"，损害了农民的利益。六是城镇化发展的体制机制障碍亟待破除。中央提出了一系列推进城镇化的方针战略，但与之配套的具有指导性的规划体系和有效的实施机制还没有形成。一些地方随意调整规划，在规划实施中各自为政、相互脱节、协调不够。土地管理制度、就业制度、社会保障制度、户籍管理制度等方面的改革滞后，经济政策和社会政策不协调，制约了公共资源在城乡的优化配置和生产要素在城乡之间的合理流动，影响了城镇化的健康有序发展。

综上所述，当前和今后一段时期，我国城镇化发展处于一个关键时期。一方面，顺应人类社会发展规律和城镇化发展规律，我国城镇化仍面临必须也有条件保持较快发展的历史机遇，这是事关经济社会发展全局的重大战略。另一方面，我国城镇化又存在不少突出矛盾和问题，也面临一系列困难和挑战。这些问题和矛盾如果得不到很好解决，势必影响城镇化健康有序发展，进而影响我国现代化发展进程。问题的关键在于：必须切实转变城镇化发展方式，提高城镇化发展质量，积极推进并努力走出一条符合科学发展观要求的中国特色城镇化道路。这是当前摆在我们面前的一项重大而紧迫的任务。

二、中国特色城镇化道路的基本内涵

　　我国城镇化是世界城镇化进程的重要组成部分，既要遵循城镇化发展的一般规律，又要符合中国国情。纵观各国城镇化进程，既有经验，又有教训，从中可以引出许多规律性的认识。一是城镇化水平要与工业化发展水平相适应。农业劳动力向非农产业转移、相应的农村人口向城镇人口转移的规模，是由工业化水平和经济发展水平决定的；反过来，城镇化水平又制约着工业化和生产力的发展。超越工业化和经济发展水平，不顾条件、单凭热情盲目加快城镇化，会使城镇化缺少产业支撑而难以持久；城镇化落后于工业化水平，会影响产业集聚和经济结构优化，延缓工业化和现代化进程。二是城镇化速度要与城镇化的发展阶段相适应。世界城镇化历史表明，城镇化具有明显的阶段性特征，其发展轨迹类似一条拉平的"S"形曲线。一般说来，当城镇化率小于30％时，是城镇化初期阶段，发展速度比较缓慢；当城镇化率处于30％到70％之间时，是城镇化中期阶段，发展速度相对较快；当城镇化率超过70％时，是城镇化后期阶段，发展速度减缓并逐步趋于稳定。一个国家城镇化的发展速度应当顺应而不是背离这一阶段性规律，过快或过慢都会产生一系列经济的和社会的问题。三是城镇化格局要与本国国情相适应。不同国家的自然地理条件、资源禀赋、人口规模和历史文化传统不同，城镇化的格局包括城镇形态、规模、

结构、空间布局、演进方式等也会不同。一般来说，土地稀缺、人口稠密、能源短缺的国家和地区，大都是集中型城镇化；土地广袤、人口密度小、人均占有能源资源水平高的国家和地区，多数是漫延式城镇化；经济发达国家普遍形成了一个或几个具有国际影响力的城市群，成为体现国家竞争力的主体区域。四是城镇化发展是趋利避害的过程。世界城镇化发展史表明，在看到城镇化的历史必然性和历史进步性的同时，也要看到"没有免费的午餐"，城镇化发展搞得不好也要付出代价和成本，引发新矛盾和问题，必须清醒认识和妥善化解。正如曾任联合国助理秘书长沃利·恩道所说的，"城市化极有可能是无可比拟的未来光明前景之所在，也可能是前所未有的灾难之凶兆"。在城镇化道路上一旦出了大量问题往往很难纠正，纠正起来要付出巨大代价。农业用地转为城镇用地，会提高土地产出效率，但过多占地则会影响农业基础；农民变市民会提升人的素质和生活质量，但处理不当，会出现大量"三无"（无地、无业、无保障）人员，甚至出现"贫民窟"；城镇产业和人口的集中会带来集聚效应，但常常伴生交通拥堵、环境污染等问题。因此，在城镇化的过程中，必须善于正确处理工农关系、城乡关系、经济发展和社会发展的关系、人与自然的关系等，做到统筹兼顾、趋利避害，才能保持城镇化健康发展。上述这些带有普遍意义的规律和经验，我们在推进中国特色城镇化过程中应当认真遵循和借鉴。

遵循世界城镇化的一般规律，借鉴各国城镇化的经验教训，结合我国的基本国情和当前面临的具体情况，中国特色城镇化道路应当是一条以科学发展观为指导，坚持集约发展、多元形态、三化同步、两手结合、以人为本的新型城镇化道路。

集约发展，就是要坚定不移地走资源节约、环境友好、可持续发展的城镇化道路。我国人多地少水缺，人均耕地仅为世界平均水平的 40％，宜居土地只占陆地国土面积的 19％，人均淡水资源占有量仅为世界平均水平的 25％，人均石油、天然气可采储量仅为世界平均水平的 7％。这一基本国情决定了我国城镇化不能粗放占用土地，不能像某些发达国家城镇化那样消耗资源，不能重蹈"先污染，后治理"的老路，只能走资源集约节约发展的城镇化道路，根据资源环境承载能力合理控制开发强度、合理调整空间结构、合理控制城市规模，切实保护好生态环境，增强城镇化发展的可持续性。

多元形态，就是要坚定不移地走以城市群为主体，大中小城市和小城镇协调发展的城镇化道路。我国地域辽阔，不同地区自然地理条件差异大，经济社会发展不平衡，现有人口分布很不均衡，未来城镇化发展潜力和综合承载能力差异很大。这一基本国情决定了我国城镇化不能像有的国家那样，在城镇规模结构上过于偏重发展大城市或小城镇，在城镇空间布局上片面集中于某些地区或发展某种模式，只能因地制宜、分类引导，无论是城镇规模还是城镇结构，无论是城镇布局还是城镇化演进方式，都必须坚持多元形态，走大中小城市和小城镇相互协调和多样化发展的城镇化道路。同时要看到，城市群的发展符合城镇化发展规律。城镇化初期，主要是以单个大城市的平面扩张为主，发展到一定阶段后，会逐步形成以 1～2 个特大城市

31

为龙头，中小城市集群协调分布、城镇间保留一定的农田、林地、水面等绿色空间，并通过高效便捷的交通走廊连接的城市群（城市带、城市圈）。这种城镇化的空间组织形态由现代化的交通连接，在不降低大城市的规模经济和集聚经济的同时，又能够防止单个城市过度扩张带来的"城市病"；相对集中的布局，还可以避免分散型城镇化带来的土地浪费，有利于保护土地和生态环境；城市群以外的其他城市和小城镇，作为特色产业中心或一定区域的公共服务中心，点状分布在其他区域，也将发挥不可或缺的独特功能，有利于形成大中小城市和小城镇协调发展的格局。

三化同步，就是要坚定不移地走统筹城乡，城镇化、工业化和农业现代化协同推进的城镇化道路。农业人口规模庞大，是我国区别于其他国家的又一个基本国情。目前我国城镇化率已超过50%，但农业人口仍达6.7亿人，而英国、巴西同一城镇化水平时期，农业人口仅为1 300万人和4 500万人。到2030年，我国城镇化水平若达到65%，从农村需要转移的人口将达3亿左右，这相当于美国的总人口，同时仍有约4.5亿人生活在农村，这相当于一个半美国的人口。一方面，转移这么大规模的农村人口，需要城镇工业和服务业的极大发展，而工业的发展和城市文明的提升，需要以农业劳动生产率的提高和产品质量的提升为基础，离不开农业的现代化；另一方面，改善数量仍然庞大的农村人口的生活，需要农业现代化和新农村建设有更大进展，而农业的现代化和新农村建设也需要工业和城镇的反哺、辐射和带动，为实现农业现代化提供人才、物质、技术、资金和市场支持。可见，我国的工业化、城镇化和农业现代化与全面建设小康社会和实现现代化是同一历史过程，三者相辅相成，必须同步推进。城镇化过程，不仅是与工业化相互适应、相互推动的过程，而且是与农业现代化相互支持、协调发展的过程。中国的城镇化，不应是削弱农业、剥夺农民、凋敝农村的过程，而应当是加强农业、富裕农民、繁荣农村的过程。这是中国城镇化能否健康可持续发展的关键之一。

两手结合，就是要坚定不移地走市场"看不见的手"与政府"看得见的手"共同推进的城镇化道路。成功的城镇化，既是市场调节、自然发展的过程，又是政府调控、规划引导的结果。城镇化的过程，是生产要素集聚和更高效率配置的过程，必须充分发挥市场配置资源的基础性作用，决不能违背市场规律和城镇化发展规律，以行政方式、长官意志拔苗助长、"人为造市"。城镇化过程不仅是一个经济发展过程，而且是一个涉及自然资源、生态环境、公用事业、社会管理等一系列问题的综合发展过程。市场能解决城镇化中微观资源配置问题，但难以解决好城镇化宏观布局问题；市场能够解决城镇化中的一些经济矛盾，但解决不好城镇化发展中人口、经济与资源环境的矛盾，城乡、地区之间发展不协调的问题，以及收入分配不公、体制机制不合理等问题。发达国家在这个问题上是走了弯路的。他们是在城镇化过程中不断出现问题、历经一两百年的发展过程，才逐渐走到了两手结合的路子上。我国实行社会主义市场经济制度，在推进城镇化过程中，必须始终坚持发挥市场配置资源的基础性调节作用，同时我们又有更好的运用政府调控的

基础和条件，坚持两手结合、两手都硬，市场基础性作用和政府有效调控相结合的城镇化道路，是我国推进城镇化的一大特色和优势。

以人为本，就是要坚定不移地走把提高人的物质文化水平作为出发点和归宿、发展成果由城乡居民共享的城镇化道路。以人为本，是科学发展观的核心，也是城镇化科学发展的核心。要按照以人为本的原则建设城镇、发展城镇经济，加强城镇基础设施建设，增强城镇公共服务能力，健全社会保障体系，提高城镇运行效率，不断提升城镇居民的生活质量，竭力避免出现一些国家曾经或仍然存在的各种"城市病"。特别是要把促进农民工市民化作为当前和今后一个时期我国城镇化健康发展的重要任务，下大气力抓好，使农村转移人口不仅能在城镇就业，而且能在城镇定居，平等地享有所在城镇居民享有的社会保障、公共服务和政治权利，成为真正意义上的城市居民，决不能出现一些国家曾经或仍然存在的城市"贫民窟"现象。推进城镇化不但要不断满足当代人的发展需要，而且要为下代人、世代人着想，为中华民族的世代繁衍发展奠定基础和留有空间。

三、推进中国特色城镇化的重点任务

按照走中国特色城镇化道路的要求，针对制约城镇化健康发展的突出矛盾和问题，当前和今后一段时期，推进我国城镇化发展的主要任务是：使城镇化发展水平与工业化、现代化相适应，着力转变城镇化发展方式和提高城镇化质量，促进城镇化布局和形态得到优化，城镇可持续发展能力明显增强，城镇化健康发展的体制机制得到完善，以城镇化健康有序发展推动全面小康社会建设。

第一，科学制定战略规划。推进城镇化，必须发挥规划的"龙头"作用。要科学编制国家城镇化发展规划。加强对中国特色城镇化发展规律的研究，深化国家城镇化发展战略，抓紧制定管长远、管全局的国家层面的城镇化发展规划。国家城镇化发展规划要与国家的经济社会发展规划、主体功能区规划、土地利用总体规划、生态环境保护规划、人口发展规划、文化保护规划等相衔接，以人口城镇化为核心，坚持城乡统筹，兼顾人口、经济、资源环境、社会发展、区域发展之间的关系，明确城镇长远发展方向、空间战略布局、长期发展目标，形成可考核的促进城镇化科学发展的指标体系，提出切实可行的保障措施。要完善城乡规划体系。在国家城镇化发展规划指导下，编制好全国和省域城镇体系规划，各个城镇规划要与国家城镇化发展规划、与所在地区的各项规划相衔接，打破行政区划束缚，突出经济区域导向，形成各地区、各城市规划相互衔接、协调一致的规划体系，引导各地城镇化协调有序发展。要强化规划的执行效力。完善相关法律法规，提高规划的科学性、权威性和约束力，依法加强对规划实施的监督管理，建立违反城乡规划的责任追究制度，坚决防止随意调整规划，杜绝规划"纸上画画、墙上挂挂"的现象，切实使规划落到实处、取得实效。

第二，发挥产业支撑作用。推进城镇化，必须加强产业支

撑，提升转化农民、吸纳就业的能力，夯实城镇化的经济基础。要着力优化产业布局。围绕构建城镇化战略格局，优化重大生产力布局，推动生产要素向重点发展的国家级城市群和区域型城市群集聚，加快壮大产业规模。要把转变工业发展方式和调整工业内部结构作为重点，改造提升传统产业，培育壮大新兴产业。强化城镇体系专业化分工协作，提升中小城市的产业承接能力。坚决杜绝把应淘汰的落后生产技术、污染严重的企业向中西部地区和农村地区转移。逐步形成大中小城市和小城镇分工合理、特色突出、功能互补的产业发展格局，为形成合理的城镇体系提供基础。要注重增强就业吸纳能力。提高城镇产业发展和经济增长的就业弹性，发展吸纳就业能力强的现代城镇产业体系。着力提高城镇服务业比重，营造有利于服务业发展的政策和体制环境，坚持生产性服务业与生活性服务业并重、现代服务业与传统服务业并举、拓展新领域、发展新业态、培育新热点。鼓励特大城市和大城市加快形成以服务经济为主的经济结构。大力促进中小企业特别是小微企业发展，促进非正规就业发展，为城镇化拓展空间。要继续加强农业基础地位。采取综合措施，转变农业发展方式，完善农业现代产业体系，促进农业生产经营规模化与现代化，切实保障城镇化、工业化与农业现代化协调同步，以农业的现代化筑牢城镇化、工业化的基础。

第三，优化城镇化布局和形态。推进城镇化，必须根据资源环境承载能力、发展基础和潜力，按照《全国主体功能区规划》的要求，着力构建以"两横三纵"为主体的城市化战略格局，即以陆桥通道、沿长江通道为两条横轴，以沿海、京哈京广、包昆通道为三条纵轴，以国家优化开发和重点开发的城市化地区为重要支撑，以轴线上其他城市化地区为重要组成部分的城市化格局。要着力推进形成城市群。按照统筹规划、合理布局、完善功能、以大带小的原则，以大城市为依托，以中小城市为重点，形成辐射作用大的城市群。优化提升环渤海、长三角、珠三角三个特大城市群，逐步形成长江中游、成渝、中原等国家重点开发区域的新城市群，形成带动全国经济发展的增长极，增强对内对外辐射能力。在资源环境承载能力较强、城镇体系比较健全、区域中心城市有较强辐射带动作用的地区，以完善基础设施、提升中心城市功能、促进分工协作为重点，积极培育区域性城市群。要着力提高大城市的质量。提升大城市的区域经济中心、对外开放门户、科技创新基地、教育文化中心等功能，增强其对周边地区经济社会发展中的服务、辐射和带动作用，发挥其在城市群中的龙头作用。要合理调控大城市特别是特大城市人口规模，着力解决交通拥堵、环境污染、内涝灾害等突出问题，防治"城市病"。要加快发展中小城市。优先发展区位优势明显、资源环境承载能力较强的中小城市，把有条件的东部地区中心镇、中西部地区县城和重要边境口岸发展成为中小城市。注意引导中小城市的有序发展，在农产品主产区和重点生态功能区集中建设县城和中心镇。要有重点地发展小城镇。合理规划、分类指导，控制数量、提高质量，完善功能、突出特色，以县城和部分基础条件好、发展潜力大的建制镇为重点。在城市群周边地区，推动小城镇发展与缓解大

37

城市中心区人口压力相结合，其他地区小城镇的发展要与服务"三农"相结合，与提供公共服务相结合。

第四，提高城镇综合承载能力。推进城镇化，必须按照城镇人口增长趋势，进一步在提高城镇综合承载能力上下功夫，努力使城镇承载能力得到明显增强，城市管理水平得到全面提升，确保城镇化发展与城镇承载能力相适应。要着力提升城镇基础设施承载能力。加强城镇交通体系的规划和建设，围绕城镇化布局和形态，完善综合运输通道和区际交通骨干网络，强化城市群之间交通联系，改善中小城市和小城镇对外交通。要加大城镇公共交通投资力度，优先发展公共交通，加强步行和自行车交通系统建设，倡导绿色出行，缓解交通拥堵。按照统一规划、适度超前、合理布局、统筹推进的原则，加大电力、通信、给排水、燃气热力管网、道路、照明、垃圾污水处理以及城镇信息基础设施等市政公用设施建设力度。加强城镇污水垃圾处理设施建设力度，加强城市应急防灾能力建设，严防城市内涝事故。加强公共服务设施建设，以均衡配置为目标，统筹布局学校、医院、文化设施、体育场所的建设。统筹安排各项基础设施建设，避免"建了拆、拆了建"的短期行为。加强对古旧城和特色城镇、文化村落和文物的保护，避免"千城一面"，彰显文化特色。要着力提升城镇可持续发展能力。积极建设资源节约、环境友好、适宜人居的绿色低碳城镇，大力发展节能建筑与绿色建筑，推进城镇节能减排战略。加强城镇资源循环利用，合理确定城市开发边界，加大存量建设用地挖潜力度，开展城镇低效用地再开发，形成节约集约利用土地发展城镇的倒逼机制。合理确定城镇土地开发强度，提高建成区人口密度，鼓励发展紧凑型城镇。加强城市节约用水，提高城市环保设施建设和运行水平，提升环境质量。加强城市生态系统建设，加强水源地、生态廊道等城市生态系统保护，最大限度减少开发建设对自然生态系统的扰动和影响，营造人与自然和谐共融的城市环境。要着力提升城镇综合管理水平。树立建管并重、服务为先的理念，强化城市政府公共服务和社会管理职能，加大对教育、医疗、文化投入力度，特别是要提高中小城市和小城镇的公共服务水平，逐步解决优质公共资源短缺问题，让人民群众公平分享优质公共服务资源。加强对市政、交通、市容和环境的系统化管理，将"城中村"、城乡结合部和流动人口集中聚集区纳入城市统一规划进行建设和管理，全面改善这类地区的市政公用设施条件。统筹区域内各种设施建设，促进相邻城镇资源共享。加强城镇地下空间规划管理，统筹规划地上地下基础设施，强化地下管线综合管理。完善城市综合管理体制机制，提升城市管理信息化水平，创新公共服务供给方式，推广数字城管模式，促进多部门城市管理职能整合，不断提高应对突发事件和抵御风险的能力，推动城市管理由"管住人"向"服务人"转变。

第五，加快统筹城乡发展。推进城镇化，实现"三化同步"，必须从规划、产业、基础设施和公共服务等方面做到城乡统筹。要统筹城乡发展规划。对城乡的基础设施建设、经济发展、公共服务、社会管理等进行一体化规划布局，促进生产要素在城乡间合理流动、公共资源在城乡间均衡配置。要统筹城

乡建设用地管理，科学合理地布局工业、服务业、交通、住宅、基本农田以及生态用地，加强农村建设用地整理复垦，优化城乡用地结构和布局，推动土地资源要素在城乡之间合理流动和优化配置。要统筹城乡产业发展。加强农业投入，加大城镇对农村的产业辐射力度，着力形成合理分工的产业布局，合理引导农村工业向园区集中，加快发展农村第三产业。要统筹城乡基础设施建设。加快农村基础设施建设，推动城镇基础设施向农村延伸，做好城乡各类基础设施的衔接，促进基础设施建设规模化和服务区域化。统筹城乡生态建设和环境保护，建立城乡优势互补的环境保护和治理机制，推进农村村容整治。要统筹城乡基本公共服务。各级政府都要增加对农村的公共服务投入，特别是要提高政府土地收益用于"三农"的比例。大力发展农村文化、教育、医疗卫生等事业，逐步提高农民养老保险、医疗保险等社会保障标准，不断缩小城乡居民社会保障差距。

第六，积极破除体制障碍。推进城镇化，必须进一步大胆探索，破除体制尤其是城乡二元体制的障碍。只有不断推进土地、户籍、财税、行政管理等各方面体制机制改革，才能为城镇化的健康有序发展提供保障。

一是深化土地管理制度改革。坚持最严格的耕地保护制度和集约节约用地制度，按照管住总量、严控增量、盘活存量的原则，推进土地管理制度的改革，促进土地资源节约使用和优化配置，既要适应城镇化发展需要，又要保障农民权益和保护耕地资源。要加快研究改革征地制度，抓紧起草《农村集体土地征收补偿条例》，缩小征地范围，规范征地程序，完善征地补偿安置办法，保障被征地农民的财产权益，保障被征地农民在征地过程中的知情权、参与权、表达权、监督权，保障被征地农民的生活水平有提高、长远生计有保证，使城镇化的过程成为有利于富裕农民而不是剥夺农民的过程。要积极探索符合规划、经批准使用农村集体建设土地的城镇经营性项目由农民或农村集体经济组织以多种方式参与土地开发经营的有效形式。要在保障用益物权的前提下，探索允许农民进城落户后依法自主处置承包地、宅基地等农村土地的有效形式。要根据优化城市化布局和促进农民工市民化的要求，实行差别化的土地利用和管理政策，提高耕地占用成本，鼓励使用低丘缓坡荒滩等未利用地建设发展城镇。新增建设用地要向重点建设的城市群倾斜，向吸纳农民工人数较多的城市倾斜。要强化各类建设用地标准控制，提高单位土地面积承载人口数量和产业产出强度。

二是统筹推进人口管理制度改革。通过人口管理制度改革，创新和完善人口服务和管理制度，促进人口有序流动、合理分布和社会融合。要按照"公平公正、分类推进、统筹规划、稳妥有序"的原则，稳步推进户籍制度改革。根据城市规模和综合承载能力，以就业年限或居住年限或城镇社会保险参与年限为基准，由各类城市制定公平合理的农民工落户标准，引导农民工形成合理预期和流向。建立健全户籍和居住证并行、补充衔接的人口管理体系，逐步建立城乡一体、以居住地为依据的人口登记制度，最终消除城乡分割的二元户籍制度。要运用公共资源和市场机制，引导人口有序迁移和适度聚集，在城市群、特大城市和大城市、中小城市和小城镇之间形成合理的人口分布格局。合理控制特大和超大城市人口规模。

三是着力推进农民工市民化。通过农民工市民化，让农民工均等享受公共服务，促进农民工个人融入企业、子女融入学校、家庭融入社区。鼓励各地根据实际探索以居住证为载体，建立健全公共服务与居住年限挂钩的机制，逐步扩大农民工享受公共服务的范围。要加快完善城乡劳动者平等就业制度，努力实现农民工与城镇就业人员的同工同酬，保障农民工的合法劳动权益。将农民工纳入创业政策扶持范围，健全农民工劳动保护、法律援助等权益保障机制。要加快推进农民工社会保障全覆盖，逐步实现与城镇职工平等享有相应待遇。尽快建立社会保险跨区域转移接续机制，加强对企业社保缴费的监管力度，切实提高农民工参与城镇社保的参保率。将符合条件的农民工纳入社会救济覆盖范围。要保障农民工享有同等医疗卫生服务，推动社区医疗服务向农民工聚居地延伸。要逐步完善农民工城镇住房保障的政策措施，通过配租配售实物保障性住房，发放住房补贴等多种方式，逐步解决进城农民工的基本住房问题。要保障农民工随迁子女在居住地受教育的权利，将农民工随迁子女义务教育纳入城市教育发展规划和财政保障范围。要加强对农民工民主政治权利的保障，逐步放宽农民工在就业地和居住地参加选举的权利，使农民工的诉求有制度化的表达渠道。抓紧研究建立农民工市民化成本分担机制，强化各级政府责任，充分调动社会力量，尽可能缩短农民工市民化的过程。

　　四是深化财税金融体制改革。通过财税金融体制改革，形成有利于城镇化科学发展的激励机制。要建立中央和地方财权与事权相匹配的财税体制，提高地市与县级财政能力。要调整财政支出结构，将更多资金投向公共服务领域和社会发展领域，逐步实现人均公共财政支出大体相等。按照常住人口规模安排财政转移支付，通过完善税制、增加直接税形成地方税收随人口增长的机制，建立激励吸纳外来人口、扩大就业的长效机制。要合理确定土地出让收入在不同主体间的分配比例，将土地出让收入纳入公共财政进行管理，提高土地出让收入的使用效率，减少地方政府对土地财政的依赖。要按照市场规律建立多元化的地方政府融资渠道，推动民间资金投资建设经营性基础设施，鼓励和吸引民间资金参与准公益性项目建设，切实解决城镇化建设中的资金短缺问题。

　　五是深化行政管理体制改革。通过行政管理体制改革，提高社会管理能力，加快形成设置科学、布局合理、功能完善、集约高效的行政管理体制。要逐步改变按照行政等级配置公共资源的管理体制，简化行政层级，适时适度调整行政区规模和管理幅度，研究设立城市群协调管理机构。探索对经济总量较大、吸纳人口较多的县城和小城镇，赋予其与经济总量和管辖人口规模相适应的经济社会管理权限。要科学设置管理机构和人员编制，提高政府履行公共服务和社会管理的能力。推动基层政府行政职能归位、服务职能下移，创新社区管理和社会组织管理体制。要完善社会领域决策、执行和监督机制，推动决策民主化，涉及规划、环境、住房、社会保障、交通收费等与人民群众生产生活密切相关的重大决策，必须按规定履行听证程序。要健全应急管理和治安防控体系，增强公共安全和社会治安保障能力，不断提高城市管理特别是社会管理水平。

我国城镇化进程中的"三农"问题

陈锡文

一、我国当前农业农村形势及其与城镇化的关联

二、城镇化进程中需要特别注重解决好"三农"问题

城镇化和"三农"问题是个很复杂的问题。对于今后的城镇化应该怎么搞，"三农"问题怎么解决，社会上的学术界与实际工作部门有着不同的看法。

今天我就这个问题向大家介绍一下我的一些看法，供大家参考。关于我国城镇化进程中的"三农"问题，我想讲两个方面的内容。第一，我国当前农业农村形势及其与城镇化的关联。第二，城镇化进程中需要特别注重解决好"三农"问题。

一、我国当前农业农村形势及其与城镇化的关联

（一）党的十六大以来，我国农业农村发展的形势总体向好。粮食产量从 2003 年的 8 614 亿斤提高到 2011 年的 11 424 亿斤，8 年产量提高了 2 810 亿斤，增长了 32.62%，年均增长 3.59%。农民人均年纯收入从 2003 年的 2 622 元提高到 2011 年的 6 977 元，扣除价格因素后实际增长 93.1%，年均增长 8.6%。今年夏粮增产 71 亿斤，早稻增产 11 亿斤，全年有望继续增产，实现"九连增"；农民上半年人均现金收入 4 303 元，同比增加 597 元，增长 16.1%，扣除价格因素后实际增长 12.4%，比上半年城镇居民可支配收入（12 509 元，实际增长 9.7%）的增幅高出 2.7 个百分点。

但是在收入的增长中也存在着一定的问题。一是农民来自

47

---

　　* 本文是中央财经领导小组办公室副主任、中央农村工作领导小组办公室主任陈锡文同志 2012 年 9 月 3 日在国家行政学院省部级领导干部推进城镇化建设专题研究班上的授课内容。

家庭经营的这部分收入，今年的增长幅度，上半年只有14.4％。与去年统计相比，家庭经营收入的增幅降低了6.6个百分点。这也就说明，大家这一段时间所关注的农业生产成本上升，确实开始影响农民的收入增长。二是今年上半年农民人均纯收入4 303元，而城镇居民的人均可支配收入达到了12 509元。从这个趋势来看，今年全年城镇居民的人均可支配收入估计会超过25 000元。而全年农村的人均纯收入，按照目前的趋势来看，能在8 000元上下就不错。从这个比例去看，农民人均纯收入还不到城镇居民可支配收入的1/3。去年是3.13：1，前年是3.23：1，今年城乡居民的可支配收入能否继续保持这种缩小的势头，难度比较大。

（二）可以说，党的十六大以来是我国农村经济社会发展最快的阶段，是党的强农惠农富农政策出台最密集的阶段，也是农民得到实惠最多的阶段。在这个阶段，中央出台了一系列在我国农业农村发展史上具有里程碑意义的重大政策。其中包括：

1. 免除了专对农民收取的农业税，每年减轻农民负担1 335亿元。这个1 335亿是根据1999年农民的可统计负担计算的。可统计负担大概包括以下内容：四项税，即农业税、农业特产税、牧业税和屠宰税，这四项税每年不到400亿；还有乡镇政府的五项提留，即民兵训练、计划生育、优抚对象的补助，以及修路架桥等费用；再加上村里有三项提留，即公积金、公益金和共同增长费；另外还有两项义务工，即积累工和义务工。合在一起共14项，根据当时的情况，这些属于可统计的部分。此外还有乱摊派、乱集资等，这些就都统计不上来了。以上这些都取消了，每年减少农民负担 1 335 亿，就变成农民的收入了。

2. 实行对农业生产的直接补贴制度，从 2004 年的 145 亿元增加到今年的 1 653 亿元。这项制度在 2004 年开始实行的时候，有些专家很忧虑，给中央领导写信，说多数人补助少数人才可行，少数人怎么补助多数人？实际上城里人真正成为多数人是从去年开始的，到去年年底才做到。所以 2004 年对农业生产进行直接补助的时候，可以说农村人口的比重还是很大的。但中央下了这个决心，2004 年开始了三项补助，当年是 145 亿元。这些年来，补贴的数字一直在不断地增长。后来又加了一项，开始时是种粮直补、良种补贴和购置农机具三项补助，后来又增加了农业生产资料价格的综合补贴。这四项补贴到今年的预算是 1 653 亿元。只是免除农业税和实行农业直接补贴这两项，农民每年获得的实惠大约是 3 000 亿元。此外还有一些事关民生的大政策，都是在十六大以后才真正向前推进的。

3. 实行农村义务教育经费由国家保障的制度。按年生均经费 600 元计，每年需要财政支出 700 多亿元。

4. 建立新型农村合作医疗制度。今年的人均筹资标准为 300 元，其中财政补助 240 元，享受这项制度的有 8.34 亿人，需财政支出约 2 000 亿元。

5. 建立农村最低生活保障制度，有 5 200 多万人纳入保障网。今年上半年人均月补差 106 元，年度支出超过 660 亿元。

6. 建立新型农村社会养老保险制度，今年底将实现全覆盖。60 岁以上老人每人每年将获得由财政支付的基础养老金

660元，预计全年支出将达800亿元以上。民政部门对农村543万"五保"供养人员今年的支出约为130亿元。

以上各项由财政支出的经费约7 300亿元，而这些支出，都是在党的十六大以来才逐步形成的。这在相当程度上也说明，农村的好形势是靠好政策换来的，而好政策的高含金量是要靠强有力的、不断增长的政府财力作支撑的。因此，全局经济的快速增长，是中央能够出台这一系列强农惠农富农政策的大背景。我国国内生产总值从2000年的99 215亿元增长到2011年的471 564亿元，国家财政收入从2000年的13 395亿元增长到2011年的103 740亿元，就解释了中央能够出台这些好政策、能够做出许多以前想做而做不了的好事和实事的经济原因。

（三）新世纪以来的10余年，既是我国农业农村发展最快的时期，也是我国城镇化进展最快的时期。城镇化率从2000年的36.22%提高到2011年的51.27%，11年间提高了15.05个百分点，年均提高1.37个百分点。这11年间，我国城镇常住人口增加了2.3亿人以上，从2000年的45 906万人增加到2011年的69 079万人，增加了50.48%；而同期乡村人口减少了1.5亿人以上，从2000年的80 837万人减少到2011年的65 656万人，减少了18.78%。我国乡村人口在1995年达到峰值，为85 947万人，随后的16年共减少了20 291万人，其中新世纪以来减少了15 181万人，占16年来减少总数的74.8%。

综合这些数据，不难看出农业农村的发展与城镇化进程之间确实存在着密切的内在联系。城镇化的快速推进，为国家制定强农惠农富农政策提供了重要的经济基础，也为农村人口的大规模转移提供了就业、居住等方面的必要条件。城镇化是扩大内需的重要途径，与我国的工业化水平相比，我国的城镇化进程仍然明显滞后，我国的城镇化水平，尤其是真实城镇化的水平，还有很大的上升空间。因此，只要我们坚持贯彻落实科学发展观，在经济社会发展全局中切实按照全面、协调、可持续的理念来科学推进城镇化，就一定可以使城镇化成为今后相当长时期中推动我国经济社会持续稳定发展的强大动力。

二、城镇化进程中需要特别注重解决好"三农"问题

这既是世界各国都需要把握的一般规律，更是我们这个农村人口众多的人口大国必须更加注重的重大问题。城镇化进程中需要解决好的"三农"问题很多，这里仅就三个事关全局的突出问题介绍一些情况，谈谈个人的看法。

这三个问题分别是城镇化进程中的粮食和其他主要农产品的供求问题，即"粮"的问题；城镇化进程中的农村土地问题，即"地"的问题；城镇化进程中的农民转市民问题，即"人"的问题。

(一)城镇化进程中的粮食和其他主要农产品的供求问题

城镇化的进程，一方面会不同程度地减少耕地，从而影响粮食和其他农产品的产出；另一方面，又会引起农村人口大规模向城镇转移，这既会增加社会对商品性农产品的需求，又因

农村人口进入城镇后在生活方式和饮食质量方面的改善而增加对农产品的需求。2011年，我国农村居民除人均粮食消费高于城镇居民外，人均消费的鲜菜比城镇居民低22%，食用植物油低19.4%，猪牛羊肉低33.7%，家禽低57.5%，鲜蛋低46.5%，水产品消费更是仅及城镇居民的1/3。因此，在城镇化进程中必须随时关注粮食和其他主要农产品的供求状况，否则就难以保持城镇化进程的可持续性。

党的十六大以来的这些年，是我国农业生产发展最好的阶段，粮食产量实现了"八连增"，年总产量已连续5年超过1万亿斤，去年又超过了1.1万亿斤，其他主要农产品的产量也不断创造新高。但是，由于国家经济社会的快速发展，人民生活水平的不断提高，从一定程度上可以说，当前已经出现了农业发展的速度赶不上社会对粮食和其他主要农产品需求增长的速度，直接的表现就是粮食和其他主要农产品的进口数量在快速增加。

1. 粮食和其他主要农产品的进口快速增长

今年上半年，我国农产品的进出口总额为837.2亿美元，其中出口295.5亿美元，同比增长4.7%，进口541.7亿美元，同比增长28.8%。上半年我国农产品国际贸易的逆差为246.2亿美元。2012年1—7月，我国进口粮食4 861.8万吨，同比增长38.8%，出口粮食167.5万吨，同比减少0.5%。净进口粮食4 694.3万吨，同比增长40.8%，其中进口大豆3 492万吨，同比增长20.1%。

2012年1—7月，我国进口食用植物油400万吨，同比增长 17.9%。今年上半年，我国进口食糖 144.5 万吨，同比增长 1.8 倍。进口乳制品 66.8 万吨，同比增长 20.3%，其中进口奶粉 35.7 万吨，同比增长 8%，我国国产奶粉占有的国内市场份额已不足 30%。此外，今年上半年还进口猪肉 30 多万吨。去年我国生产棉花 660 万吨，进口棉花 331 万吨。其他非耕地农产品，如木材、纸浆、天然橡胶、羊毛等的进口量及其占国内需求的比例也都相当可观。

有关专家测算，如按我国现有的农业生产水平计算，我国 2010 年净进口农产品的数量已相当于在境外利用了 6.3 亿亩农作物的播种面积，相当于我国同年农产品播种总面积 241 012 万亩的 26.14%。

2. 必须立足国内努力增加粮食和其他主要农产品生产

第一，必须坚持实行最严格的耕地保护和最严格的节约用地制度。如果耕地继续流失，那要求大幅度提高农产品的产出是不可能的。

第二，要加强以农田水利为主的农业基础设施建设，改善农业生产条件。到去年为止，我国的农田水利有效灌溉面积占总农田面积的比例首次突破了 52%。有了设施，关键还得有水，实际上以前不少农田水利设施的水源已经改变，没水了，也没法进一步去浇灌。

第三，要大力推进农业科技进步，转变农业发展方式。因为无论从哪个角度去讲，再要增加农业自然资源的投入对我们国家近乎不可能，增加耕地、增加水都不可能。所以只能想办法去提高单位面积的产量。同时，按照以前那种不断增加化肥和农药使用量的办法也不能维持多久，一个是成本大幅度上升，一个是会造成严重的环境问题，所以农业发展必须加快转变方式。

第四，要完善农产品流通方式，发展农产品加工业，使其能够进一步的增值，减少流通成本。

讲了以上这些措施，其实最关键的还是在于要健全国家对农业的支持保护体系。因为发展到了现在，我觉得我国的农业很可能开始进入了一个高投入、高产出，但也是高成本、高价格，同时需要高补贴的时代。实际上，几乎所有国家真正发展到发达阶段，都是经历了这样一个过程。所以我们要加强和健全对农业的支持保护体系，调动农民的生产积极性。我们还要认真地研究如何健全对低收入人口的食品供给保障机制。只有健全了对低收入人口的基本食品供给保障机制，才能让农产品更多地去利用市场机制，去刺激农民，去刺激人才的能动性和创造力。我们可以大体算一下，我国的城市低保人口大概不到2 300万，在校大学生有2 000多万，再加上其他一些低收入的人群，总体上大概不会超过1亿人。如果能把1亿低收入人群的吃饭问题解决好了，我觉得农业就可以更多地利用市场机制，让农产品价格发挥更大的作用。

讲到价格，现在农民的意见确实比较大。农民觉得主要农产品的价格总体来说上升得比较慢，幅度比较低。特别是对粮食价格，大家也有一些误解，包括有些专家经常谈起来，好像粮价还是由国家在控制。其实2004年已经放开整个粮食市场了，多渠道流通，由供求来决定价格。政府起的作用实际上有两个。一个是当市价过低，价降伤农的时候，政府要制定一个地板价，不能让粮价跌得太厉害。另一个是当粮价过高时，政府不是采取行政办法来限制粮食的销售价格，而是采取抛售库存的办法来增加供应量。政府是通过这两个办法来调节粮价。我们从2004年首次开始实行最低粮食收购价格，到现在有快9年的时间了，大家可以看一下粮价的变化，政府制定的主要粮食品种的最低收购价格的变化还是比较明显的。这里要讲一个情况，自2004年制定最低价之后，到2007年，总共4年的时间没有用过。就是说粮食需求比较旺盛，市场的价格一直高过政府定价，所以这个最低价没有用。但到了2008年，情况开始发生变化，不用不行了，政府如果不托底，粮食上市的时候价格就会跌下来。所以这个措施到2008年以后才开始真正启动，同时也提高了最低价格。

　　下面提供了一些相关数字，供大家参考。我国从2004年开始建立主要粮食品种的最低收购价制度。2004—2007年，早籼稻0.7元/斤，中晚籼稻0.72元/斤，粳稻0.75元/斤，白麦0.72元/斤，红麦0.69元/斤。2008年开始提价，2012年的最低收购价为：早籼稻1.2元/斤，中晚籼稻1.25元/斤，粳稻1.4元/斤，小麦1.02元/斤。与2007年相比，分别提高了71.4%、73.6%、86.7%和41.6%、47.8%。年均提价幅度为11.38%、11.66%、13.30%和7.20%、8.13%。我国农业生产成本在快速上升，包括农业生产资料价格、土地租金和农业用工费用都有明显上升。日本2011年粳稻的生产者价格折合人民币约为8.4元/斤，今年已上市的约为9.33元/斤。

3. 我国人口、耕地及粮食产量在全球的比重

我国 2011 年的人口为 134 735 万人，约占全球 71 亿人的 18.98％。我国的耕地面积为 18.2 亿亩，约占全球 210 亿亩耕地面积的 8.67％。我国 2011 年粮食总产量为 57 121 万吨，约占全球粮食总产量 25.73 亿吨的 22.2％，其中谷物产量 51 939 万吨，约占全球谷物总产量 23.23 亿吨的 22.38％。中国农业应该说在目前的情况下，相当不简单，只用了全球 8.67％的耕地，就供养了全球 18.98％的人口，而且还使得我们在全球占有的粮食比例高于人口所占的比重。总体上讲，从这些统计数字来看，我们总的消费水平是居于世界平均水平以上的，现在大概是这么一个情况。

但是现在也有问题，我们的粮食有缺口，而且是死盯着几个产品。比如我们一直盯着大豆，大豆全球一年的产量是 2.5 亿吨，出口量大概是 9 000 多万吨。我国现在每年的大豆进口量已经接近 5 500 万吨，也就是说全球出口的大豆有多一半被我们买走了。像这样的情况，国际市场就非常敏感。我们这么大的进口量，一方面要特别注意确保自己的粮食安全，另外一方面也要注意，如果在国际粮食市场上的动作一旦过大的话，会对全球经济带来很大的影响。甚至会影响到我国的整体国家形象。人家会说中国崛起，一崛起粮食都不够吃了，要到全球四处来买粮食，拉高了全球的粮价。现在全球谷物的出口量大概是每年 2.4 至 2.5 亿吨，此外还有大豆 9 000 多万吨。其实世界 200 多个国家和地区中，有相当一部分是要靠这些来养活的，它们种不了多少地。所以一旦我们的进口量大，把国际市场价格拉起来之后，攻击我们的就不仅是那几个西方大国，一般的小国，甚至平时跟我们关系挺好的，到时都会骂我们。

因此，从这个角度去看，我觉得有两个方面值得我们充分注意。一个是从长期看，我们必须研究农业到底如何走出去，研究怎么更好地利用国际国内市场的问题。另外一个方面也必须看到，中国在农业走出去上，是非常受人关注的。到底以什么方式、什么途径走出去，出去以后怎么办。这些不是那么简单的，说是出去买地租地，可是现在基本上还有余地的国家和地方都有了新的法规和政策，买也买不到多少。因此，到底应该怎么样处理好中国农业生产国际国内两种资源、两个市场的问题，我觉得还需要认真地去研究。

这是我讲的第一个问题，关于"粮"的问题。就是在城镇化过程中，我们一定要高度重视粮食生产，高度重视农产品生产。当然，回过头来说，如果以工促农、以城带乡的政策实施得好，在城镇化快速推进中，大力度地去推进农业的现代化，也可能会开创新的局面。在农业生产中更多地利用科学技术，可能会在我们有限的耕地上产出更多的农产品，当然这也需要有个过程。

（二）城镇化进程中的农村土地问题

城镇化进程中涉及的农村土地问题很复杂，这里仅对三个有关问题谈一点个人的看法。一是征收农民集体土地的问题，二是农村建设用地的问题，三是农地经营的形式和规模的问题。这几个问题都是与城镇化联系非常紧密的。

58

1. 征收农民集体土地问题

这是我国城镇化进程中面临的最突出问题之一。在我国现行法律体系下，城镇在地域上的扩张主要是依靠政府征收农民集体的土地来实现的。征收农民集体土地，不仅为城镇发展提供了投资载体，而且为城镇建设提供了巨额资金，但农民为此则付出了巨大的代价。人们对现行的农地征收制度批评很多，中央也早就明确了改革征地制度的基本方向。在2003年，党的十六届三中全会决定就提出，"按照保障农民权益、控制征地规模的原则，改革征地制度，完善征地程序，严格界定公益性和经营性建设用地，征地时必须符合土地利用总体规划和用途管制，及时给予农民合理补偿。"以后又逐步完善，2008年党的十七届三中全会决定提出，"改革征地制度，严格界定公益性和经营性建设用地，逐步缩小征地范围，完善征地补偿机制。依法征收农村集体土地，按照同地同价原则及时足额给农村集体组织和农民合理补偿，解决好被征地农民的就业、住房、社会保障。"这些年来，我国在提高征地补偿标准和落实被征地农民的社会保障等方面有了明显进步，但关于严格界定公益性和经营性建设用地、逐步缩小征地范围的改革则尚未启动。征地制度改革涉及复杂的利益关系调整，牵一发而动全身，改革的难度极大。目前看，至少还存在法律问题、土地财政和土地利用中的利益矛盾这样三个方面的障碍。

（1）法律问题

《宪法》对此的有关规定是"城市的土地属于国家所有"。虽然《宪法》规定国家依法征收土地的前提是为了公共利益的需要，但《土地管理法》的规定却是"任何单位和个人进行建设，需要使用土地的，必须依法申请使用国有土地；但是，兴办乡镇企业和村民建设住宅经依法批准使用本集体经济组织农民集体所有的土地的，或者乡（镇）村公共设施和公益事业建设经济依法批准使用农民集体所有的土地的除外"。因此，相关的法律条款如果不做修改，征地的范围就难以缩小。

所以说，改革的一个重大障碍就是我们现行的法律问题。要依法治国，要建立法治型政府、法治型社会，法律不允许的事就很不好办。从法律体系上来讲，我觉得现在最突出的焦点集中在两个方面，一个是《宪法》，另一个是《土地管理法》。《宪法》是根本大法，总则第十条关于所有制问题里讲得非常清楚，"城市的土地属于国家所有"。这是 1982 年修宪时改过来的。我也找了一些历史资料，因为现在讲不清楚当初这么规定的时候，这个城市指的是原来的城市，还是扩大的城市。现在城市的建成区比过去不知道大了多少倍。我们到底该怎么去解读《宪法》中的这句话，是说城市扩到哪里，政府就要征到哪里，还是什么别的意思，没有讲清。但是回过头去看，彭真同志在"关于 1982 年修宪中土地问题的说明"中讲得是很清楚的，大概的意思是，我们的城市建设长期滞后，随着改革开放的发展，要改变这种状况，就需要把城市里那些私有的土地国有化，便于进行改造。因为城市没有搞过土改，所以当年老百姓们买了房子，很多是带有地契的。当时修宪后，专门让最高法院做了一个司法解释，说老百姓不用紧张，请放心，土地所有权虽然不归你了，但使用权仍然是你的，你可以继续用。但是后来还是进行了征地拆迁，有些东西确实不太搞得清楚。

《宪法》的这个规定原来是对城里的私有房地产讲的，现在却完全变成对农民讲的了。《宪法》规定城市的土地属于国有，现在城市规划扩大了，所以征地的范围就扩大了。在现实操作中，现在对这个规定的解释是城市扩到哪里，地就征到哪里。但这么解释又与《宪法》本身的另外一个规定有矛盾，即"国家为了公共利益的需要，可以依照法律规定征收或者征用，并给予合理补偿"。写得很清楚，依法征用的权利只能用于公共利益需要的土地。怎么会变成城市扩张用地都要征收呢？城市用地显然不都是为公共利益的。我也去咨询过有关的专家，有关的同志对我说，你还可以这么解读：第一，凡城市的地都要征收；第二，城市以外的地，如果是公共利益需要的，还得征收。当然这也是一种解读方法。但是"城市的土地属于国家所有"这一条，如果不做界定，不讲清楚，征地的范围就很难缩小。当然《宪法》中还有一条关于公共利益的原则，征地权和公共利益原则是连在一起的。

但是《土地管理法》中对这个解释又不一样。《土地管理法》中规定得很清楚，"任何单位和个人进行建设，需要使用土地的，必须依法申请使用国有土地"。这里没有规定是公共利益的，还是非公共利益的，只说要用地搞建设，就必须申请。农民用地除外，农民的事很复杂。而且这条法律规定得非常明确，申请使用国有土地，可以现在就是国有的，也可以是政府为了这个申请，现从农民手里征过来，变成国有土地再给你。总而言之，不能直接用农民的地，必须用国有的地，没有提公共利益的事。所以我认为，十六届三中全会和十七届三中全会的决定中都涉及严格界定公益性用地和经营性用地，都提出要缩小征地范围，第一次说限制，第二次说缩小，但过了这么多年一直没法操作，原因就是相关法律没有动。特别是涉及修改《宪法》，这当然是件很大的事。如果全党和全国人民没有相当高程度的共识，《宪法》当然是不能改的。因此，我觉得这个问题还需要进一步去研究，逐步在全党全社会形成基本的共识才行。

（2）土地财政问题

随着征地规模的扩大和土地价格的提高，征地与地方政府财政的关系也越来越紧密，土地出让收入已经在地方（主要是市、县两级政府）财政收入中占据重要地位。因此，改革征地制度，对地方政府的财政收支影响极大。

据有关部门统计，全国土地出让金收入，2008 年是 10 375 亿元，2009 年是 13 965 亿元，2010 年是 29 110 亿元，2011 年是 33 166 亿元。同期与房地产相关的地方税收收入分别为：2008 年 5 880 亿元，2009 年 7 687 亿元，2010 年 10 417 亿元，2011 年 8 379 亿元。将此两项合计作为土地财政收入，从 2008 到 2011 年分别占地方财政收入的比重为 25.12％、28.11％、37.19％和 31.59％。考虑到省、区政府并无直接的土地出让收入，因此，市、县两级政府土地财政收入的比重显然更高。

但情况正在起变化。一是国内外经济形势的变化影响着土地出让的情况。2012 年上半年入库的土地出让收入为11 572.86亿元，同比减少了 28.9％，不少城市甚至减少了50％～60％，总体上预计全年达到去年水平的可能性不大。现在好多地方政府都面临着土地卖不出去的问题，拍地时候流标了，拍不出去，这个现象比较多见。二是近年来征地拆迁补偿的支出在明显提高，有些地方的支出增长是很惊人的，从而导致土地出让纯收入的比重不断下降。2009年征地拆迁补偿的支出为5 180.58亿元，占土地出让金收入的比重为37.10%，当年土地出让的纯收入为8 784.18亿元；2011年的征地拆迁补偿支出为 23 629.97 亿元，占土地出让金收入的比重上升为71.25%，当年土地出让的纯收入为 9 536.27 亿元。2011年土地出让金收入总额比2009年增加了 19 201.48 亿元，即增长了137.50%，但征地拆迁补偿的支出却增加了 18 449.39 亿元，即增长了356.13%，因此纯收入仅比2009年增加了752.09亿元，仅增长了8.56%。

这个现象，当然大家也可以分析它是眼前一时的，还是一个长远的趋势，我觉得它是一个趋势。我认为目前中国的地价水平已经很高了。总体上讲，再要拍卖出更高的价格很难，老百姓不会干。但是补偿水平下不来，只能越来越高。所以这两头一挤，费了好大的力气征收来的地，如果仅从财政收益这个角度去看，可能会越来越薄。所以我认为，即使仅从地方政府从征地中能有多少土地财政收入这个角度来看，如果这个制度不改，按老办法走下去，最后现有的这个征地制度也可能变成了鸡肋，食之无肉，弃之可惜。这也从另外一个角度提醒我们，这个制度确实到了要改革的拐点了。这是第二个问题，关于土地财政对于征地制度改革的阻碍作用。

（3）土地利用中的利益矛盾

据有关部门统计，2012年二季度全国不同用途的土地平均出让价格为：商业服务业用地5 728元/平方米，住宅用地4 522元/平方米，工业用地659元/平方米。工业用地的价格仅相当于商服用地价格的11.5%、住宅用地价格的14.6%。这样的供地价格结构表明，政府在出让工业用地时绝大多数是亏本的。但为了今后的税收和就业，亏本也要出让工业用地。为了既保证工业用地的低价格，又实现土地征收出让中的资金平衡，地方政府就不得不一手压低对被征地农民的补偿水平，而另一手又不得不抬高对城镇住宅和商业服务业用地的供地价格，其结果是导致被征地农民和城镇居民两方面都强烈不满。

过低的工业用地供地价格，一方面使被征地农民和城镇居民的利益严重受损，另一方面又引发相当部分的工业企业可以不顾投资成本而无序扩张。在某种程度上可以说，这是制约我国经济发展方式转变、产业结构调整升级的一大原因。如果说，当初为了做大我国的加工制造业，这样做有其必要性和合理性，但到了现在，我国已经成为全球制造业的第一大国（据美国经济咨询公司环球视通的数据，2010年我国制造业的产出占世界总额的比重为19.8%，已超过美国为世界第一），已被人称为"世界工厂"，且有些产业的产能已明显过剩，在这样的背景下，如再不改变对工业用地供地的低地价，甚至零地价的做法，将会后患无穷。

其实我们现在还面临着另外一个突出的问题，就是工业用地的使用期限是40年，而企业的普遍寿命没有那么长。在很多工业园区，第一轮的企业已经都倒闭、破产了，这种情况很普

63

遍。企业倒闭了，政府希望的税收、就业和 GDP 如何实现？政府的办法不多，二次开发的难度也相当大。而企业主却知道这个地是会升值的，于是就可以逼政府改规划，如果工业用地变成商业用地，或者变成住宅用地的话，企业就能补交一部分出让金，而他们自己却能靠这种手段赚大钱。也就是说，如果弄得不好的话，将来可能会有相当大的土地闲置，而有很多企业，这边闲着地用不动，那边还去争取，就可能会出现这样的情况。所以我觉得，这也从另外一个角度说明了，现行的土地征收和出让制度如果不进行改革的话，真的是后患无穷。实际上现在这个土地利用结构，就是牺牲普通农民和居民的利益来补贴这些企业家们。让农民和居民接受低补偿，接受高房价，拿过来补工业用地的低地价，而工业用地的低地价又往往是被那些大企业们拿走。我觉得这种用地结构确实是很不合理，它不仅引起了资源分配的不合理，而且也使社会财富的分配极不合理。

（4）综合上述几方面的原因，可以说推进我国征地制度改革的条件正在逐渐成熟

政府征地行为在世界各国都有，但征地权力的使用是被严格限制在满足社会公共利益需要的范围之内的。世界各国的城市化都要使用农地，政府的职责是组织社会做好土地利用规划和建设规划，并严格按照规划对土地的利用实行用途管制，没有必要在按规划改变土地用途的同时非要改变土地的所有权。韩国、我国台湾省在大规模推进城市化时，都实行过对农村土地的"区段征收"制度，即在按规划改变农村土地用途时，规

定农民把 40%～50% 的土地所有权交给政府，由政府进行开发融资和安排基础设施建设，其余土地可由农民按新用途的价格自行处置，政府再依法对土地交易实行税收调节。通过这样的方式，既保证了城市建设按规划进行，又促进了土地按市场价格机制使用，还使得城镇化同时也成为富裕农民的过程。我们应当借鉴别人的有益经验，审时度势、与时俱进地改革我国城镇化进程中的征地制度，使它更加符合中国特色社会主义市场经济体制的要求。

当然，除了征地制度的改革外，还必须有用地制度的改革，尤其是工业用地如不改变现在这种粗放的、不合理的用地方式，再征多少地也是不够用的。目前的工业用地有很大的节约余地。据我们对上海市松江区漕河泾新经济园的调查，该园采取对入驻企业出租生产经营用房为主的办法，在建设中努力向空中和地下发展，扩大公共空间；在招商中坚持选择高技术、高增加值、高影响力和高集约度的企业，取得了明显的节约土地和高产出的效果。2011 年，该园区已建生产经营用房 24 万平方米，入驻企业 190 余家，平均每个企业用地不足 1.5 亩，园区每平方公里平均产出 136 亿元，而上海市级以上开发区每平方公里的平均产出为 60 亿元。该园区所在的松江区其他 1.26 万家工业企业已使用土地 11 万亩，平均每一工业企业用地近 9 亩。2011 年全区工业企业共上缴税收 110 亿元，平均每亩土地产生税收 10 万元，而漕河泾新经济园平均每亩土地的税收达到了 60 万元。同时，漕河泾新经济园还注重带动农民致富，在足额支付每亩 26 万元的征地补偿款后，又与园区所在地的新桥镇按

6∶4 的比例，共出资 1 亿元注册成立园区开发公司。2011 年该公司共分配红利 6 000 万元，其中新桥镇分得 2 400 万元红利。但在被征地农民的强烈要求下，这些红利实际只分配了 1 000 万元，余下的 1 400 万元拟与园区方商议用于增加注册资本金。

2. 农村集体建设用地问题

农村集体建设用地是指符合规划、经国家依法批准由农民和农村集体组织自用的建设用地。它的基本特点：一是批准使用的是本集体组织自有的土地；二是只能由本集体的成员和组织自己使用，包括在符合土地利用总体规划，并经批准建设乡镇企业时，可以以土地权入股、联营等方式共同举办企业。由于土地没有改变集体所有的性质，因此国家法律规定，不得以出让、转让或者出租等方式提供给非本集体组织的成员用于非农业建设。当前对农村集体建设用地的问题讨论很多，看法也很不相同。对其中涉及土地利用和管理的问题，应当尽快明确并规范，否则局面将难以控制。

（1）农村集体建设用地的使用范围问题

现在流行一种观点和做法，叫做集体建设用地流转或进入市场。对此我感到需要商榷，因为这不符合法律关于"农村集体建设用地"的定义。有人说这就是深化土地制度改革，认为这样做才是破除土地利用和管理上的二元体制，应当给予农民集体土地与国有土地相同的权利和地位。实际上，我们说土地利用和管理上的二元体制，主要是反映在建设用地必须征为国有上。因此要改革的是对符合规划的、不属于公益性质的社会建设用地的征收，这部分应当不征。而农村集体土地中哪些允许转为社会建设用地，哪些不允许，则完全要由规划说了算。土地利用的权利，必须在规划许可的范围内才能追求平等，脱离了规划的许可去谈土地利用权利的平等，就一定会造成土地管理的失控。我国农村的集体建设用地至少有 2.5 亿亩以上，如果允许其流转或入市成为社会建设用地，哪怕是流出 1/10，对宏观经济的影响也难以估量。关键是以后还批不批农村集体建设用地了，如果还批，又允许它流转和入市，整个社会建设用地的规模怎么管得住？如果不批，农民和农村集体组织的建设用地怎么解决？因此，应当推进在征地制度改革中逐步缩小征地范围，把符合规划、经批准转为社会建设用地的农村集体土地退出征收范围，允许农村集体组织以多种方式参与土地的开发经营。而对规划范围以外的农村建设用地，应当继续坚持其自用的原则，如出现闲置和废弃，则应当复垦或批准给本集体组织中符合条件的成员使用。

（2）关于城乡建设用地增减挂钩

国务院 2004 年 28 号文件提出"城乡建设用地增减挂钩"的概念时，是针对加强乡村建设规划的。因此它的本意是制定规划的指导思想，是长期目标。现在把它作为一项具体政策，有些重大问题就必须进行研究。

第一，"城乡建设用地增减挂钩"的本质或前提是农村土地整理。而现行法律对农村土地整理已有明确的规定。《土地管理法》第四十一条规定，"国家鼓励土地整理。县、乡（镇）人民政府应当组织农村集体经济组织，按照土地利用总体规划，对田、水、路、林、村综合整治，提高耕地质量，增加有效耕地面

积，改善农业生产条件和生态环境。地方各级人民政府应当采取措施，改造中、低产田，整治闲散地和废弃地"。显然，农村土地整理或整治的目的是"提高耕地质量，增加有效耕地面积，改善农业生产条件和生态环境"，绝不是为了增加建设用地。

第二，农村土地整理后新增加的耕地与建设用地是什么关系，国家的法规也有明确规定。国务院颁布的《土地管理法实施条例》第十八条规定，"地方各级人民政府应当采取措施，按照土地利用总体规划推进土地整理。土地整理新增耕地面积的百分之六十可以用作折抵建设占用耕地的补偿指标。"这即是说，增减挂钩周转指标不能直接作为建设用地的指标，而折抵"占补平衡"的指标也只能按60％的系数折算。很明显，"增减挂钩"与现行法律法规是有明显冲突的，因此国务院才把它定位为"试点"。

第三，有人说现在农村闲置的建设用地很多，城镇建设缺地、农村建设缺钱，调剂一下、各得其所不好吗？这个问题提得很现实，理由看上去也很充分，但我觉得这个问题首先还要分析。农村建设用地缺乏规划，管理松弛，浪费现象比较严重，这是事实，要进行整治。但是按照统计局公布的数字，现在农村常住人口已经不到6.6亿了，还占了那么多地和房子，而且还在建，对这个说法我持保留意见，觉得还要进行研究。为什么呢？因为进了城的人并没有在城里落户，没有几个人在城里有房子。还可以从户籍管理的角度去看，这几年城镇化指标一直在上升，但农村农业户籍的人口并没有下降，还一直在增加。到去年年底，全国农业户籍的人口是9.55亿。只要户籍还在这个村里，就是这个集体组织的成员，如果分户了，就有权要宅基地。所以从宅基地分配这个角度去看，农户的数量没有减少，而且还在增加。其中一个最大的问题就是，这些到城里打工的人没有从农村退出的可能性，因为城里没有让他们真正进入的条件。农民外出打工去了，但家还在村里，如果都给拆了，那在城里就得给房，或者是让他们在城里买得起房。这是个事实，不能回避。当然我也承认农村建设用地的浪费情况比较严重，但这是另外一回事。

我对这个问题的第二点看法是，关于农村建设的钱从哪儿来，其实这在国家的法规中也已有规定。《土地管理法实施条例》十八条规定得很清楚："土地整理所需费用，按照谁受益谁负担的原则，由农村集体经济组织和土地使用者共同承担。"实际上，现在开展"增减挂钩"、"地票"试验的地方也是这么做的，一些地方的农村也是通过这个办法获得资金、开展新农村建设的。谁要通过整理土地来增加农村耕地，再拿出60%的系数去折抵占用别的地方的耕地，去补偿耕地，谁就要出钱，无非是出钱高和低的问题。过去国家规定的土地整理的钱确实太低，只能去整理那些废弃地和沟塘地。现在要整理村庄，拆人家的房就要给人家盖新房，这钱就不够了。所以我觉得国家在这方面要认真研究，现在的占补平衡实际已经没有多大的余地了，再要动的话只能动村庄，动农民的房子了。那就得认真研究占补平衡的费用到底是多少。反正还是羊毛出在羊身上，这钱最终还是建设用地谁用谁出，肯定是这样的。现在各地的做法很多，但基本上都是谁用了地，谁买了这个指标，谁买了这

个地票，就由谁来出这个钱。但是我也了解到现实中有些问题更复杂，比如说重庆，那里的地票交易制度已经施行了，当然也有不同看法，也在探讨。我了解到，在远离中心城区的一些地方，一亩地票比如说15万，农民一开始很高兴，家里一亩的宅基地，用三分就够了，七分卖掉，可以拿10万块钱，有了这些钱新房差不多就能盖起来了。但是后来才知道，这个地票重庆在卖的时候，远不止一亩15万。农民就急了，就不愿意卖了。我还遇到一些县长和乡镇长，他们也说，15万一亩就把指标卖掉了，那以后我的发展空间在哪里？诸如这些矛盾非常复杂。总体来说，新农村建设确实缺钱。在搞新农村建设的时候，如果只通过倒地倒指标这个办法，还是羊毛出在羊身上。既然这样，何不规范起来，政府应该通过收入的土地出让金，把更多的资金投入到新农村建设中，这就等于国家要提高土地整理的补偿，整理到村庄，费用当然要提高，不能还按照整理废弃地和沟塘地那样的标准去做。

讲了这么多，对于增减挂钩这件事情，我是有点想不明白。为什么呢？主要的原因是有两个，就是两个问题，即农村土地整理后的新增耕地是否可以直接置换为新增建设用地的指标，还是只能以60％的系数来折抵建设占用耕地的补偿指标。在增减挂钩作为一项具体政策推出之前，有一对概念叫做土地整理和占补平衡。刚才讲到，法律规定了土地整理，国家一直鼓励土地整理，目的是为了提高耕地质量，增加有效耕地面积，改善农业生产条件，改善生态环境。土地整理的费用从哪里来，就是通过占补平衡。占了地，就得补地，很简单。实际操作中，如果占了三亩建设用地，就到农村去复垦五亩，这五亩地的整理费用，谁用地谁出钱。这个概念本来非常清楚。现在又出了一对概念，叫做增减挂钩和指标置换。我有时候也问相关专家，这四个概念到底有什么关联和区别，从土地整理、占补平衡，到增减挂钩、指标置换。其实后一对概念本身也是很清楚的。增减挂钩挂的什么？直接挂建设用地，农村减少多少建设用地，到城里就可以用多少建设用地。这个规定与现有的法律规定，与前一对概念都是不一样的。指标置换是说，原来批给农民集体组织和农民自己用的土地，能不能置换出来作为社会建设用地。

对这两对概念我一直在琢磨，觉得这个变化实在太大了。后来的这对概念实际上把农村集体建设用地，把土地整理，把占补平衡，把原来的概念全都改变了。所以我觉得现在需要认真研究两个问题。一个是土地整理的目的到底是什么，是为了增加农地，改善农地，还是为了增加城市建设用地，后者与法律是有矛盾的。第二个是土地整理出来的新增耕地，到底怎么来算，是只能用来做占补平衡的指标，还是可以直接把它变成别的地方用的建设用地？这是两个非常关键的大问题。我觉得现在需要认真研究一下，到底是改法律，还是去规范增减挂钩的行为。

因为现在这是增加建设用地很重要的一条途径，如果堵死了，地方的发展会受很大影响。但是如果开着这个口子，又不能总违法，那就得改法。改法不是小事，就要认真研究一下，我们原来这么立法的原因是什么？现在要改，改掉以后

将来会怎样？我觉得改革，尤其是涉及重大的土地问题，整个土地的利用和管理是全社会为它支付成本的，而且用掉了就改不过来了，还是先在局部地区实验为好，至于大面积推行，时机还远未成熟。我曾经开玩笑说，等我退休以后要写本书，就叫"变通中国"。为什么这么说呢？因为我们现在太多的事都在搞变通，连法律、法规和政策都在搞变通，变了多少年以后，到最后也没搞清楚，就这么过去了。这么做我觉得问题太大。

当前的建设用地指标满足不了需求，这是事实。但应当通过规范的途径解决，我不赞成在明显涉法的土地问题上如此大规模地搞"变通"。在土地利用和管理这种社会成本极高、用了以后就难以改变的重大问题上，还是应当采取更为严谨的态度。当然，经国务院批准为改革试验区的地方，仍应按批准的改革项目进行先行先试，但试验只能在批准的范围内进行。

土地管理的核心是按规划实行用途管制，在我国还有一个年度利用计划的控制，这是宏观调控的需要，因为在我国现阶段土地是重要的宏观调控的闸门。土地的用途管制，就是不管是谁的土地，都必须按规划实行用途管制。"小产权房"不合法，不在于它的土地是农村集体所有，而在于它不符合规划。农民宅基地和住房只能在本集体组织的成员之间买卖，不是不承认它的用益物权，而在于它是农村集体组织的成员权。日本农村的土地允许在自然人之间自由买卖，但要通过市町村农业委员会的审查，对不具备从事农业条件的人，不会允许其购买农地。而不在当地从事农业的人，也不会允许其在当地购买农房。2009 年修订的《日本农地法》规定，违法改变农地用途，将处 300 万日元罚金和判刑 3 年，如不在规定时间内恢复土地原貌，将加倍惩罚。我国台湾省 2000 年修订《土地法》后，虽允许非农民的自然人购买农地，但规定购买后只能用于耕作，不得在购买的农地上建设房屋。2011 年 10 月台湾发生的"苏嘉全豪华农舍案"，最后不得不以苏嘉全捐出土地和房屋用作公益才告了结，这反映出台湾对非农民到农村买地建房的限制之严格。农村建设用地只能由农民自用，日本和我国台湾省对此的主要考虑是，由于村庄在农村社会治理结构中具有特殊性，因此要严格限制外部人员的进入。对我们来说，除了有村庄这个特殊因素之外，更有农村集体经济组织这个特殊因素，因此在农村集体建设用地的使用范围问题上，就需要更加严谨，否则不仅会影响农村的经济关系，还会影响到农村的社会乃至政治关系。

3. 农地经营的形式和规模问题

这个问题看似与城镇化并无直接联系，但实际则不然。因为农地的经营形式和规模在很大程度上决定着农民的数量，也决定着城镇化进程中农村人口向城镇转移的规模。

（1）世界上有两种农业、农村和农民

一种是以亚洲、中东和西欧等地区为代表的传统国家的农业。由于农业发展史漫长，人口繁衍众多，农业的基本特点是人多地少，农村的特点是人们依村庄集居，农民的特点是有明显的血缘、地缘关系，因此相互守望，以解决水利和农忙季节

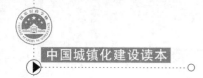

的变工插犋等农业生产中的关键问题。

另一种是以南北美洲和澳洲等为代表的新大陆国家的农业。其特点是农业开发史短，人口密度低。农业的基本特点是人少地多，农村的特点是人们分散居住于自己的农场。由于早期都是移民，加上农场规模大，因此农户（农场主）之间没有多少生产、生活上的联系。

这种差别本质上是由这两类国家的农业资源禀赋和社会发展历史存在着极大差别而造成的，因此它们之间不仅仅有着经济学意义上的差别，更多的是还有着社会学、政治学等方面的差别。它们之间当然应该相互借鉴经验，但决不能照抄照搬。

（2）农业以家庭经营为主体不仅是我国的历史现象，而且是世界性的普遍现象

农业以家庭经营为主体，是由农业自身的产业特征所决定的。农业的劳动对象是有生命的动植物，农业的本质是农业经营者控制下的动植物的生命活动过程。这一不同于其他产业的特点决定了只有让农民种自己的地、打自己的粮，他们才会尽心尽力。这是我国农村改革基本经验的精髓，也已经被实现了农业现代化的国家所证明。家庭经营需要有农民相互间的合作与联合，以及完善的农业社会化服务体系来解决一家一户办不了、办不好、办起来不经济的事情，这就是农业为什么要实行统分结合的原因。

而公司制的农业由于需要雇工，因此它必须具备工厂化条件下对劳动便于监督和对产品实行即时检验的条件。公司制农业在设施农业、规模化养殖等方面可能具有优势，但在大田生

产中难以具有优势，这已经被世界各国尤其是发达国家的农业发展实践所证明。所以应当支持和鼓励公司、企业到农村去为农民在农业的产前、产中和产后各环节提供社会化服务，开展农产品营销和加工，开发农民和农村集体组织无力开发的闲置资源，而不应当鼓励公司、企业与农民争夺耕地的经营权。

日本和我国台湾省等，都对公司、企业进入农业有严格限制。日本有关法律规定，公司企业等法人不得购买农地，依法租赁农地的法人，不得改变农地用途，公司的销售收入必须主要来自农业，公司股东必须以农民为主，公司专务（相当于执行董事）必须以从事农业经营为主等。我国台湾省的有关法律规定，私法人（以盈利为目的的公司企业）不得购买农地。这些规定都体现了农地只能用于农业、农地应当主要由农民来经营的原则。

（3）农地的经营规模，必须符合本国的基本国情和经济社会发展阶段的要求

我国农户的土地经营规模小，户均约8～9亩，但这不是由国家的法律和政策造成的，而是由我国的基本国情和当前的发展阶段决定的。随着工业化、城镇化的推进和农村人口的转移，农村的土地承包经营权已经在逐步流转和集中。到2011年底，流转了承包经营权的耕地已达2.28亿亩，占农户土地承包经营权合同面积的17.8%。相信随着农村人口的进一步转移，农村流转承包经营权的耕地面积将会继续扩大。当前制约农村土地承包经营权流转的因素主要有三个：一是法律虽已明确农村土地承包经营权为农户的用益物权，但实践中对农民的这一财产

权益仍然保护不够，农民对流转后可能失去土地权益的担心仍然较重；二是农村土地承包经营权流转市场的发育明显滞后，土地流转的供求信息不通畅、不对称，对土地流转的各项服务满足不了需求，客观上影响了流转；三是转移进城的农民基本上尚未能真正成为市民，各种后顾之忧阻碍了土地流转。从这个角度看，农村土地承包经营权的流转和集中，与其说是"地"的问题，不如说是"人"的问题。只有真正实现了人的转移，地的流转和集中才能水到渠成。因此，要想实现土地的流转和集中，应当把更多的精力放到人的转移上。

那么土地的经营规模到底多大才合适呢？这必须充分考虑国情和发展阶段的实际情况。我们提倡适度规模经营，什么是适度？不同国家的不同发展阶段和不同地区也会有不同的要求。日本目前有 465 万公顷耕地，约合 6 975 万亩，260 万农户，平均每户 1.8 公顷，约 27 亩，但扣除北海道之后，日本其他三大岛的户均农地经营规模仅为 1.2 公顷，约 18 亩。最近，日本政府制定了加快扩大农地经营规模的计划，试图经过 5 年努力，实现每一农业经营体在平原地区经营水稻 20 公顷的目标。这 20 公顷是如何确定的？日本说在其现有的农业生产条件下，水稻生产从 1 公顷扩大至 10 公顷时，稻谷的单位生产成本是逐步下降的，但到了 10 公顷后就降不下去了，因此 10 公顷是技术经济的最佳要求。但是，农户只种 10 公顷水稻，如果不兼业，收入仍达不到居民的平均水平。因此，要使水稻生产的专业农户达到居民平均收入水平，约 600 万日元/年，就需要把经营规模扩大到 20 公顷。届时日本需要的农民为 90 万人，每个劳动力平均经营约 5 公顷耕地，这是日本认为的适度经营规模。但在实现这一目标的过程中，日本基本不需要考虑农民的转移就业问题。它现在只有 260 万农民，5 年后，70 岁以上的老年农民基本都退出生产活动了，日本目前 65 岁以上的农民占 68%，所以说为了保持 90 万农民的目标，还需要有年轻人来补充。因此日本在考虑这一问题时的约束条件比我们简单。

我们则不仅需要研究土地适度经营规模的度，更需要考虑实现这个度将要转移多少农民，以及转移出农业的农民如何实现新的就业。上海松江区的农村近年来一直在推进家庭农场，平均规模为每户 100～150 亩，两口子经营一稻一麦，或一季稻一季油菜，每年纯收入可达 7 万至 10 万元，合亩均纯收入约 700 元。如果再代为畜牧公司养猪，还可增加纯收入 6 万元左右。但上海的同志对我讲，发展这样的家庭农场，至少要有两个条件：一是农业劳动力基本都已经转移；二是政府要有财力补贴农户，并有提供农业社会化服务的能力。据了解，对这样的家庭农场，当地政府对每亩农田每年的补贴在 480 元左右，如果扶持农户养猪，还需要补助建设猪舍的资金。同时还有一笔账要算，那就是农民转移的账。户均经营 100 亩农地，如果普遍化了，整个上海郊区只需要 3 万农户就可以了，因为上海只有 300 万亩耕地，当然还要有种菜、种果、种花的农户，还要有为农业提供服务的人员等，实际从事农业和与农业有关的劳动者还会更多。如果全国农户经营的土地规模扩大到户均 100 亩，那就只需要 1 800 万农户，需要转移出 2 亿户左右的农民，这显然不是短期内可以办到的事。土地经营规模的扩大，

必须考虑第二、三产业和城镇对农村转移劳动力和人口的吸纳能力。因此，中央一再强调的是要解决好"三农"问题，而不是只考虑农业效率这个单一问题。否则，只考虑农业的效率，把土地交给少数人去种，农业效率是提高了，但如果大量农民的转移就业问题没能解决好，那引出的社会矛盾可能会更多、更复杂、更难以处理。

因此，我们应当坚持党的十七届三中全会决定的精神，坚持和完善以家庭承包经营为基础、统分结合的双层经营这个我国农业的基本经营体制，促使家庭经营和统一经营在新形势下实现"两个转变"，即家庭经营向集约经营转变，统一经营向综合发挥集体经济、农民专业合作组织、农业社会化服务体系和农业产业化经营体系作用的方向转变，以此推进我国农业经营体系的创新和完善。

（三）城镇化进程中的农民转市民问题

我国城镇化进程中存在的一大问题是土地的城镇化大大快于人口的城镇化。1980 年我国城市建成区面积为 5 000 平方公里，城镇人口为 19 140 万人，城镇化率为 19.39％。到 2010 年，我国城市建成区面积为 4.6 万平方公里，城镇常住人口为 67 113 万人，城镇化率为 49.95％。30 年间，城市建成区面积扩大了 8.2 倍，但城镇常住人口仅增加了 2.5 倍。尤其要注意的是，2010 年城镇常住人口与城镇户籍人口的差距达到了 15.8 个百分点，这意味着我国 2010 年的户籍人口城镇化率只有 34.15％，约 45 792 万人，这也意味着有 21 321 万多的城镇常住人口并没有真正成为所在城镇的居民。如果考虑这个因素，我国土地城镇化与人口城镇化的差距就更大。因此，我国城镇化进程中的农民转市民，至少需解决四个方面的问题。

1. 就业问题

就业必须依靠经济的发展和产业结构的调整，尤其要靠非公有制小微企业的发展。据刚发表的《中国中小企业人力资源管理白皮书》中的数据披露，目前我国注册的中小企业已超过1 000万家，中小企业工业总产值和实现利税，分别占全国总数的60％和40％左右，中小企业提供了75％的城镇就业机会。据有关部门统计，党的十六大以来的10年，我国城镇大约解决了1亿劳动力的新增就业问题。由此，以后能够逐年解决多少城镇新增人口的非农就业问题，应该有个大体的测算。

2. 住房问题

据有关部门调查，农民工在城镇的住房，52％为用人单位提供的集体宿舍，47％为租住"城中村"、城乡结合部或城近郊区的农民住房，自购住房的比重不足1％。缴纳住房公积金的农民工比重不足3％。2010年农民工月租房的平均成本为421元，约占月平均工资的1/4。

3. 社会保障问题

据有关部门统计，全国农民工2011年底参加城镇养老保险的比重为16.4％，参加城镇医疗保险的比重为18.6％，参加工伤保险的比重为27％，参加失业保险的比重为9.4％。以武汉市为例，一个农民工如参加规定的城镇各项社会保险，用人企

业每月需为其缴纳 516 元，农民工本人每月需缴纳 166 元，占其本人月工资的 12%，合计为每月 682 元，每年为 8 184 元。而以目前农民工的参保率看，缺口相当大。

4. 随迁子女的教育问题

据有关部门统计，2011 年全国义务教育阶段的农民工随迁子女为 1 167 万人，其中进入城镇公办学校学习的占 79.2%，中央财政为此奖励、补助资金 45.9 亿元。解决了他们的义务教育问题，紧接着需要解决的就是他们在迁入地就读高中和报考大学的问题。今后还将有多少义务教育阶段的农民工随迁子女要进入城镇就读，还未可知。

上述的四个问题，每个问题的解决难度都不小，同时相互之间又有着相当的关联性。现在的问题已经积累了不少矛盾，而城镇化的进程还要继续推进。因此必须尽快制定相关的政策措施，以逐步化解这样的矛盾。要借鉴有关国家的有效办法，制定农民工转为市民的过渡性制度。泰国曼谷的办法是：一要允许农民工自主选择，到底是选择将来转为市民，还是只来城市打工挣钱。二要对做了不同选择的农民工有不同的制度安排，希望进城打工挣钱后回家乡去的，只要交纳最必要的社会保险费用就可以，如工伤保险等；希望将来转为市民的，用人企业和个人就必须足额缴纳各项规定的城镇社会保险费用，交满 8 年，就给予当地市民的各项基本权利。这样，不仅给了农民工将来进城与否的自主选择权，而且也给了城镇政府和社会接纳农民工转为市民的缓冲时间。设立农民工自主选择和转为市民过渡期的制度建设要早做安排，否则矛盾越积累，压力越大，就越难解决。当然，要从根本上解决问题，还是要逐步做到包括基本社会保障在内的基本公共服务在城乡和地区之间的均等化。

农民转市民的问题，还涉及城镇化的具体道路问题。2000年制定"十五"计划时提出了"走大中小城市和小城镇协调发展的道路"，但10余年下来，结果并非如此。我国小城镇人口占城镇人口比重最高时是20世纪90年代初，当时曾达到27％，约8 100多万人。到了2010年，小城镇人口占城镇总人口的比重降到了20.7％，约1.38亿人，大中城市的人口比重事实上是在不断上升。大中小城市和小城镇协调发展的路到底走不走得通，以及如何才能走通的问题迫切需要抓紧研究。一是产业布局问题，这关系到如何引导就业布局和人口布局，产业集中在大中城市，就业和人口就必然集中于大中城市。二是小城镇基础设施建设和基本公共服务问题。目前我国还有20％的小城镇无集中供水，86％的小城镇无污水处理设施，小城镇的人均市政公用设施投入仅为城市的20％，加上教育、卫生、文化等公共服务的相对不足，导致了小城镇的居住条件缺乏吸引力，人们不愿意去。而德国有60％的人口、80％的中小企业是分布在2万人口以下的小城镇中的，从而形成了它具有特色的城镇体系和产业、就业、人口分布格局。

对我国农村人口到底有多少要转入城镇的问题，也需要加以研究，因为这关系到农业、农村未来的发展和建设。到2030年，如果我国总人口达到15亿、城镇化率达到70％，那就还将有4.5亿人口在农村生产和生活。为了保证他们能够共享改革发展和现代化的成果，就必须按照科学发展观的要求，努力

81

做到城镇化与现代农业和新农村建设并行不悖地协调推进。

最后，我想谈谈我的三点体会。

第一，改革开放以来，我国城镇化的成就巨大，但是欠账也不少。所以很现实的情况就是，下一步的城镇化，我们就得一边还账，一边创新。毫无疑问，下一步的城镇化的挑战比现在更大，难度比现在更大。

第二，在推进城镇化的时候，一定要考虑与农村的关系。不能单纯地从城镇的需求这一方面去考虑，必须把资源的供给、农产品的供给、劳动力的供给等各方面结合起来，进行统筹考虑。而且我还是这个观点，农村社会在快速工业化和城镇化期间，是保持整个社会稳定的一个重要因素。所以在此期间，一定要保护农村的高度稳定。如果农村也动荡起来，不要说城镇化，我觉得整个社会的发展都会出大问题。正所谓文武之道，一张一弛。城市发展快一点，农村就相应要稳一点。两头得处理好。

第三，推进中国的城镇化，一定要有大量的制度创新、组织创新和机制创新，一定会有很多现行的法律、法规、政策要修补。所以，在修改法律、法规、政策时，一定要知道当时立法的本意是什么，目的是什么。如果这个都还没搞清楚，法律、法规、政策就轻易改变了，那就要出问题。而且，要搞清楚修改法律、法规、政策的本意是什么。只有这样，我们才能把握好全局的变化。

关于城镇化发展规划
若干问题的考虑

徐宪平

　　城镇化是实现现代化的必由之路，是扩大内需的战略重点，是调整经济结构的重要抓手，是推动区域协调发展的强劲动力，是解决"三农"问题的根本途径。世界银行编写的《2009年世界发展报告：重塑世界经济地理》一书开卷就提到："在过去的两个多世纪中，城市迁移和贸易是发达国家进步的主要催化剂，今天在发展中国家这一最具活力的经济体中，这一传奇正在重演。"

　　当前，我国正经历着世界上规模宏大、速度空前的城镇化进程。按照"十二五"规划《纲要》要求和国务院领导指示，我委正在会同有关部门组织编制到2020年的城镇化发展规划。"十五"时期，编制了首个城镇化规划，"十一五"时期没有编制城镇化规划。目前正在编制的这个城镇化发展专项规划，是"十二五"规划《纲要》确定的18个国家级重点专项规划之一，规划期为10年。

　　为编制好城镇化规划，我们与国内外研究机构开展了合作研究，请相关部门提交了专题报告，并于今年4—6月，联合10多个部委赴8省（市、区）开展了实地调研，并听取了31个省（市、区）的意见。在此基础上，我们深化了对城镇化重要战略意义的认识，形成了关于推进城镇化发展的初步思路。昨天，马凯国务委员就推进中国特色城镇化作了重要讲话，全面深刻地阐述了城镇化的战略意义、城镇化道路的基本内涵和重点任务。根据安排，克强副总理还要亲自主持召开座谈会，

　　＊　本文是国家发展和改革委员会副主任徐宪平同志2012年9月3日在国家行政学院省部级领导干部推进城镇化建设专题研讨班上授课内容。

听取同志们的意见，并将作重要指示，我们要认真学习、深刻领会、贯彻落实。今天，我想结合城镇化发展规划的编制，就若干重点问题与在座各位作一次交流讨论，主要讲四个问题。

一、把握城镇化发展的基本态势

对城镇化发展基本态势的判断，既要从国际视野出发，遵循城镇化一般规律，更要从我国基本国情出发，把握中国特殊规律。

（一）世界城市化发展态势

我们结合联合国、世界银行、亚洲开发银行等国际组织及研究机构研究认为，世界城市化总体上呈现出六方面的特点：

1. 世界城镇人口持续增长

根据联合国《世界城市化展望 2011 年修正版》预计，2011—2050 年，世界城镇人口将从 36.3 亿增加到 62.5 亿，城市化率从 52.08％提高到 67.13％，其中较发达地区[①]城市化率将提高到 86.26％，而欠发达地区[②]也将提高到 64.08％。城镇人口的增长将主要集中在欠发达地区，特别是亚洲和非洲。

---

① 较发达地区包括：欧洲全部和北美、澳大利亚、新西兰、日本。
② 欠发达地区包括：非洲全部、亚洲除日本之外、拉丁美洲、加勒比地区和大洋洲的部分地区。

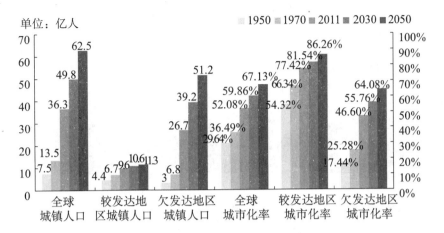

图1　世界城镇人口增长趋势

资料来源：根据联合国《世界城市化展望 2011 年修正版》整理

2. 城镇人口向大城市集中的趋势明显

　　1970 年以来，世界城镇人口在不同规模城市中的分布情况发生了较大变化。1970—2011 年，居住在 50 万以下城市的城镇人口比重由 61.6％下降为 50.9％，50 万～100 万的由 9.4％提高到 10.1％，100 万～500 万的由 18％提高到 21.3％，500万～1 000 万的由 8％略微下降到 7.8％，1 000 万以上的由2.9％提高到为 9.9％。过去 41 年间，50 万以下城市人口比重下降了 10.7 个百分点，百万以上城市人口比重提高了 10.1 个百分点，其中千万以上的城市人口增加最多，比重提高了 7 个百分点。

　　预计到 2025 年，居住在各类城市的城镇人口比重将分别达到 42.4％、11.1％、24.3％、8.7％和 13.6％，人口向大城市集中的趋势仍将持续。未来 14 年，50 万以下城市人口比重还将下降 8.5 个百分点，百万以上城市人口比重还将提高 7.6 个

百分点，而千万以上的城市人口增长仍然最快，提高 3.7 个百分点。城镇人口越来越向百万以上的大城市集中，特别是向千万以上的超大城市集中。

图2　世界城镇人口在不同规模城市中的分布

资料来源：根据联合国《世界城市化展望 2011 年修正版》整理

3. 大城市群主导的城市化浪潮方兴未艾

城市群既是创业就业和人口居住的城镇密集区，也是支撑经济发展、参与国际竞争的核心区，已经成为发达国家城市化发展的主体形态。

美国东北部城市群，包括波士顿、纽约、费城、华盛顿等城市，以 1.5％的国土面积，集聚了 18％的人口、创造了 24％的国内生产总值；美国五大湖城市群①，从芝加哥向东到底特律、匹兹堡，在 2.2％的国土面积上，集聚了 16％的人口、创造了 18％的国内生产总值；英国伦敦城市群，从伦敦至伯明翰、曼彻斯特、利物浦，在 18.4％的国土面积上，集聚了 65％的全国人口、创造了 80％的国内生产总值；欧洲西北部城市

---

① 这一城市群后来又延伸至加拿大的多伦多和蒙特利尔，被称为北美五大湖城市群。

群，由大巴黎地区、莱茵—鲁尔城市群和荷兰—比利时城市群组成，在欧盟 14 个国家 20.2％的国土面积上，集聚了 35％的人口、创造了 44％的地区生产总值；日本太平洋沿岸城市群，由东京、名古屋、大阪三大都市圈组成，在 26.5％的国土面积上，集聚了 69％的人口、创造了 74％的国内生产总值。

表 1　世界五大城市群概况

城市群	国土面积占比	人口集聚度	经济集聚度
美国 东北部城市群	1.5％	18％	24％
美国 五大湖城市群	2.2％	16％	18％
英国 伦敦城市群	18.4％	65％	80％
欧洲 西北部城市群	20.2％	35％	44％
日本 太平洋城市群	26.5％	69％	74％

资料来源：《中国城市群发展报告 2010》整理

值得注意的是，这些城市群地区在集聚经济的同时，也集聚了大量人口。如日本东京，尽管政府一直致力于疏散人口，但其人口总量还在不断膨胀。

4. 亚洲城镇人口、超大城市高度集聚

根据联合国和亚洲开发银行数据，1980—2010 年，亚洲城镇人口增加超过 10 亿，超过其他地区的总和。预计到 2040 年，亚洲还将有 10 亿人加入城镇人口行列。这种大规模的城市化进程，在中国、印度、巴基斯坦、印度尼西亚和孟加拉尤其明显。目前，亚洲的城市居民几乎占全球城市居民的一半，其总量为欧洲的 3 倍以上。全球人口最稠密的三大城市——孟买、加尔

各答、卡拉奇都位于亚洲，全球 10 个人口最稠密城市，有 8 个在亚洲。2011 年，全球 23 个超大城市（人口超千万），有 13 个在亚洲，到 2025 年，全球 37 个超大城市将有 22 个在亚洲。

5. 越来越多国家关注人口空间布局的优化

随着人口不断向大城市集聚，越来越多的国家更加关注人口空间布局的优化。根据联合国 2009 年《世界人口政策报告》：全球 83％的国家关注人口分布格局，其中 58％的欠发达国家和 29％的较发达国家，都希望对其人口分布格局进行大幅调整。而调整的政策方向，主要集中在如何减少人口向大城市过度集聚。实施这类政策的发展中国家比例，已从 1976 年的 44％上升到 72％。这说明，尽管人口向大城市的集聚势不可挡，但多数国家仍希望通过政策引导，减少人口向大城市迁徙。

6. 自然灾害风险性伴随城市化进程而日益显现

联合国对世界 75 万人口以上的 633 座城市地理坐标和自然灾害数据分析发现：2011 年，人口在 100 万以上的城镇地区中，有 60％、约 8.9 亿人生活在面临至少 1 种自然灾害高风险的地区。这些自然灾害主要是风暴、干旱、地震、洪涝、山体滑坡和火山等，其中洪涝是最常见、最严重的自然灾害，干旱其次。

亚洲城市多数位于自然灾害高风险区，2010 年已有超过 3 亿亚洲城市人口受到海岸洪水的威胁，到 2025 年，预计将达到 4.1 亿人。中国 500 万人口以上城市中，上海、广州、深圳和香港主要面临风暴和洪涝威胁，成都、武汉和杭州主要面临洪涝灾害。

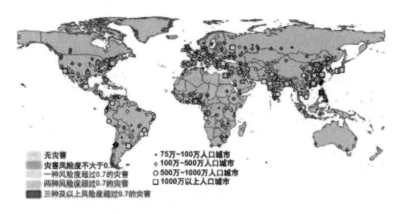

图3　世界上重要城市面临的主要自然灾害

资料来源：联合国《世界城市化展望2011年修正版》

（二）我国城镇化发展态势

准确分析我国城镇化发展态势，需要我们认清发展基础和突出问题。

1. 发展基础

一是城镇人口迅速增加，城镇化率大幅提高。1978年我国城镇人口仅为1.72亿，2011年达到6.9亿，城镇化率从17.92%提高到51.27%，年均提高1.01个百分点。根据联合国数据，2011年世界城市化率约为52.08%，与我国大体相当。

二是城市数量和规模不断扩大，形成了若干具有国际影响力的城市群。1978年我国城市总数只有193个，2011年增加到657个，2012年又设立了三沙市。我国6.9亿的城镇人口中，有71.6%生活在城市中，1.59亿外出农民工中约82%在县级市及以上城市就业。京津冀、长三角、珠三角三大城市群以

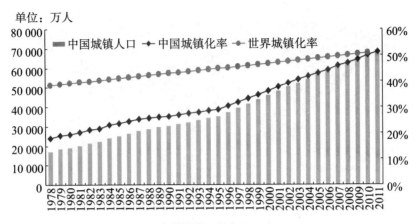

图 4　我国城镇人口变化情况

3％左右的国土面积，集聚了 13％左右的人口，创造了 36％左右的国内生产总值，成为参与国际经济合作与竞争的主要平台。其中，长三角城市群以 1.5％的国土面积，集聚了 5.9％的人口，创造了 18.1％的国内生产总值，成为我国最具影响力的城市群。联合国数据表明，2011 年长三角地区城镇人口达到7 799万，高于世界上其他 5 个大城市群。

表 2　我国各类城市数量变化情况

城镇类型	1978 年	2010 年
1 000 万人口以上城市	0	3
400 万～1 000 万人口城市	2	11
200 万～400 万人口城市	8	30
100 万～200 万人口城市	19	81
50 万～100 万人口城市	35	116
20 万～50 万人口城市	80	150
20 万人口以下城市	49	266
小城镇	2 173	19 410

　　三是公用设施服务能力明显提升，人居环境逐步改善。2000—2011 年，全国城市用水普及率、燃气普及率、污水处理

率、互联网普及率、人均道路面积、人均住宅建筑面积，以及普通中学和医院卫生院数量，都有大幅度增长。

单位：平方米

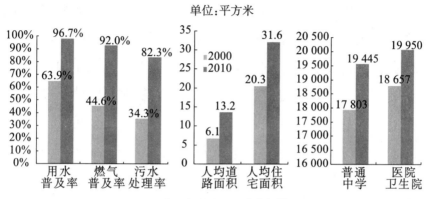

图 5　我国市政公用设施变化情况

2. 突出问题

在取得巨大成就的同时，我们更应清醒地看到，城镇化快速发展中还面临着一些突出矛盾和问题，必须引起高度重视。

一是大量农民工处于"半城市化"状态，难以融入城市社会。这是当前城镇化中最严重的问题。尽管目前我国统计的城镇化率与世界平均水平相当，但是扣除统计在城镇人口中的

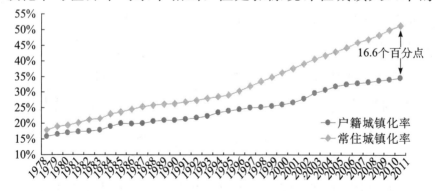

图 6　我国常住城镇化率与户籍城镇化率的差距

2.2亿农民工及其家属，我国户籍城镇化率只有34.7%，比常住城镇化率低了16.6个百分点。

目前，农民工已成为产业工人的主体，他们在城市中工作、生活并缴纳税收，却不能够享受与城市居民大体相当的基本公共服务。在外出农民工中，80后和90后农民工占到60%以上，大约有1亿人，家里基本没有承包地和宅基地，也没干过农活，不愿意回农村，这不仅是经济问题，也会引发社会问题。

对于外来移民这一世界性问题，加拿大记者道格·桑德斯在其著作《落脚城市》中写道：未来的后人对于21世纪最鲜明的记忆，除了气候变化造成的影响之外，大概就是人口最终阶段的大迁徙，彻底从乡间的农业生活移入城市。这项大迁徙的影响早已出现在我们面前，外来移民在美国、欧洲与澳洲引起的社会紧张，伊朗、委内瑞拉，以及孟买、阿姆斯特丹与巴黎市郊出现的政治冲突，等等。

外来移民问题必须认真解决，如果这个问题不能很好地解决，可能会导致深刻的社会矛盾，引起社会风险。当前，我国在原有城乡二元结构的情况下，又在城市内形成了城市老居民和外地农民工之间"新二元结构"，使得问题更加复杂。

二是城镇用地规模扩张过快，土地城镇化明显快于人口城镇化。我国快速城镇化过程中，城市空间增长快于城镇人口的增长，城镇人口密度不断下降。特别是开发区和新城新区数量过多、面积过大，但产城融合和人口集聚能力不足，进一步加剧了城镇低密度蔓延倾向。2000—2010年，全国城镇建成区面积增长61.6%，高于城镇人口增长46.1%的水平，同期城镇人口密度由 8 500 人/平方公里降至 7 700 人/平方公里。

我国 60％的陆地国土空间为山地和高原，宜居土地只占陆地国土面积的 19％，人均耕地仅为世界平均水平的 40％。城镇化进程中占用国土空间过多，优质耕地减少过多过快，不仅威胁到国家粮食安全，也威胁到国家生态安全。

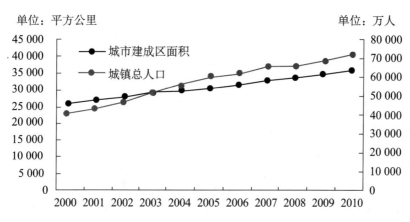

图 7　土地城镇化快于人口城镇化

三是城镇空间分布与资源环境承载能力不匹配。2010 年，我国东部、中部和西部地区城镇化率分别是 59.89％、45.30％和 41.43％，与 2000 年相比，都提高了 13 个百分点左右。尽管东部、中部和西部地区城镇化都在快速推进，但区域间差距仍然存在。这种城镇空间分布，导致人口的大规模流动和资源的大跨度调运，既增加了社会成本，也加剧了人口资源环境的矛盾。

四是"城市病"现象逐步显现，城市可持续发展面临挑战。目前，"城市病"主要表现在交通拥堵、环境污染、事故频发、住房紧张、房价高企等方面。2011 年末，我国 17 个城市

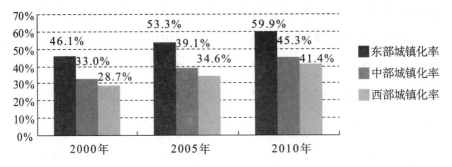

图8 我国东中西部地区城镇化水平比较

机动车超过 100 万辆，北京平均约 4 个人拥有 1 辆车，上海平均约 7 个人拥有 1 辆车，而香港平均 11 个人才拥有 1 辆车，小汽车拥有量过高导致北京、上海交通拥堵。此外，不少城市一降暴雨，就发生严重内涝。

五是城镇化发展的体制机制不健全，深化改革涉及深层次利益调整。长期存在的城乡二元体制，使得既定利益格局不断固化和强化，严重制约公共资源在城乡之间均衡配置和生产要素在城乡之间平等交换。推进城镇化涉及规模庞大的农村人口和现有城镇居民的利益再分配，关系到深层次体制机制的变革，确实是艰巨性和复杂性兼备。

3. 总体判断

一是我国城镇化仍将处于较快发展阶段。从城镇化发展规律的"S"曲线图来看，城镇化率在 30% 以下的区间，属于城镇化发展初期，发展速度较慢。城镇化率超过 30%，则进入加速发展阶段。城镇化率超过 70% 以后，进入成熟阶段，发展速度相应变缓。2011 年我国城镇化率达到 51.27%，仍处在 30%～70% 的快速发展阶段。

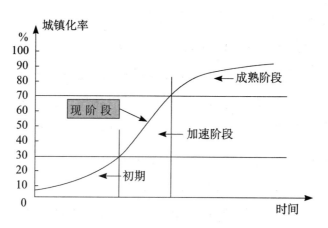

图9 城镇化发展"S"型曲线

二是我国城镇化进入质量与速度并重的转型发展期。我国城镇化快速发展的外部条件和内部动力正在发生深刻变化。随着农业劳动力供给进入"刘易斯区间"①，主要依靠大规模农村剩余劳动力廉价供给推动城镇化快速发展的模式越来越难以持续；随着资源环境瓶颈制约日益加剧，主要依靠粗放式消耗土地资源推动城镇化快速发展的模式越来越难以持续；随着新老城市居民公共服务差距造成的社会矛盾日益凸显，主要依靠非均等化的基本公共服务压低成本推动城镇化快速发展的模式越来越难以持续。城镇化由外延扩张向内涵提升的发展转型势在必行。因此，"十二五"规划《纲要》依据转变经济发展方式主线，确定了城镇化率年均提高 0.8 个百分点的规划目标，也是要放缓城镇化速度，提升城镇化质量。

下面，我们看看分析农业劳动力变化的刘易斯区间图。刘

---

① "刘易斯区间"是在英国著名发展经济学家、诺贝尔经济学奖的获得者阿瑟·刘易斯二元经济理论中推演出来的概念。

97

易斯二元经济理论认为，一个国家的经济发展过程，是现代工业部门相对传统农业部门的扩张过程，在这个过程中有两个拐点：第一个拐点是图中的 L_1，表示的是在经济发展初期，农业劳动力存在"无限供给"，工业部门可以用极低的工资水平吸引农业劳动力转移，随着农业剩余劳动力减少，工资水平开始上升，达到第一个拐点。第二个拐点是图中的 L_3，表示的是随着农业劳动生产率上升，出现城乡劳动力市场一体化，二元经济结构消失。在这两个拐点之间的发展阶段，即图中的灰色区域，称作"刘易斯区间"。我国农业劳动力转移的第一个拐点大致出现在 2004 年前后，以东南沿海地区的"招工难"现象和农民工工资开始进入上升通道为标志，但距第二个拐点的到来还有相当一段时间。

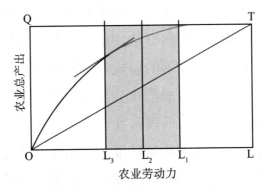

图 10　我国农业劳动力供给进入"刘易斯区间"

三是我国城镇化转型发展的条件日趋成熟。随着工业化、城镇化、信息化和农业现代化同步推进，城镇化发展从规模扩张向功能提升转型的物质基础已经具备。这些年来，国家对民生投入力度不断加大，基本公共服务体系不断健全，特别是

"十二五"规划《纲要》明确了基本公共服务的范围和重点，《国家基本公共服务体系"十二五"规划》进一步明确了基本公共服务的国家标准以及推进均等化的任务要求，这为消除农民工市民化背后的社会福利阻力创造了条件。同时，城市基础设施建设进度明显加快，特别是交通设施网络不断完善，为支撑和引领城市化布局奠定了扎实基础。成都等地统筹城乡综合配套改革试点，为破除城镇化发展的制度障碍创造和积累了许多行之有效的经验和做法。

从总体上看，我国已进入城镇化质量与速度并重发展的新阶段。我们要牢牢把握城镇化转型发展的新趋势，加快解决存在的突出矛盾和问题，促进城镇化健康发展，这既是全面建设小康社会的战略需要，也是跨越"中等收入陷阱"向高收入国家迈进的战略需要。

99

二、理清城镇化发展的总体思路

我国的城镇化是在人口多、资源相对短缺、生态环境比较脆弱、城乡发展不平衡的背景下推进的。这决定了我们必须从基本国情出发，遵循城镇化的发展规律，积极稳妥地走中国特色城镇化道路。

（一）一条主线

"一条主线"，就要紧紧围绕城镇化转型发展，以人口城镇化为核心，以城市群为主体形态，以综合承载能力为支撑，全

面提升城镇化发展质量和水平。以人口城镇化为核心，就是要有序推进农民工市民化，不断提升城镇居民的生活品质。以城市群为主体形态，就是要以大城市为依托，以中小城市为重点，逐步形成辐射作用大的城市群，促进大中小城市和小城镇的协调发展。以综合承载能力为支撑，就是要增强城市经济、基础设施、公共服务、资源环境对人口聚集的承载能力，提升城市的可持续发展能力。

（二）五个坚持

"五个坚持"是推动城镇化转型发展的基本要求。

一是坚持以人为本。着力提高人口城镇化水平，逐步消除限制人口自由流动的制度障碍，统筹推进户籍制度改革和基本公共服务均等化，建设宜居城市，创造美好生活，使全体居民共建共享城镇化发展的成果。正如昨天马凯国务委员讲话中指出的，"以人为本是科学发展观的核心，也是城镇化科学发展的核心。我们的城镇化发展，不但要满足当代人的发展需要，而且要为下代人、为以后世代人的发展奠定基础，留下空间"。

二是坚持集约高效。按照小区域集中、大区域均衡的方向，依托综合交通运输网络和信息化系统，优化城市布局和形态，提高人口经济集聚程度，提升国土空间利用效率，促进人口分布、经济布局和资源环境更加协调。

三是坚持绿色低碳。树立绿色低碳发展理念，加强低碳技术开发应用，强化节能降耗，推广绿色建筑，发展绿色交通，构建绿色生产方式、生活方式和消费模式，建设资源节约型、环境友好型城市。现在我们城市建设的标准过高、消耗太大、浪费太多，但人口集聚不足。而日本在这方面的经验值得借鉴，我国创造 1 万元国内生产总值的能源消耗，相当于世界平均水平的 2 倍多，相当于日本的 7 倍多。

四是坚持统筹城乡。完善以工促农、以城带乡的长效机制，协同推进工业化、城镇化和农业现代化，推动基础设施向农村延伸、公共服务向农村覆盖、城市文明向农村辐射，从而实现城乡经济社会一体化发展。

五是坚持制度创新。加强顶层设计，深化重点领域和关键环节改革，创新城镇化发展的体制机制，更好地发挥市场主导、政府引导的双重作用，增强城镇化发展的活力和动力。著名的未来学家约翰·奈斯比特①所著的《中国大趋势》中提到，中国经济创造奇迹的根本原因就是坚持制度创新，通过制度创新来注入活力和动力。要实现城镇化健康发展，也必须深化体制机制改革。

（三）五大目标

第一，城镇化水平持续提高。目前，国内外研究机构和专家学者比较一致的预计是：到 2020 年，我国城镇化率将达到 60％，城镇人口达到 8.5 亿。通过合理有序的制度安排，争取用 10 年甚至更长时间，使 1 亿左右、半数外出农民工在城镇落户，真正成为城镇居民。

第二，城市化战略格局更加优化。城市群成为城镇化发展

---

① 英文名 John Naisbitt，美国人，世界著名的未来学家，代表作有《大趋势》等。

主体形态，东部地区城市群国际竞争力增强，中西部地区城市群逐步壮大。城市规模结构不断优化，中小城市数量明显增加，大中小城市和小城镇协调发展。与城市化战略格局相适应的综合交通运输网络基本建成。

第三，城市发展更加集约低耗。绿色生产方式和消费模式成为主导，节能节水产品、节能环保汽车和节能省地型建筑比例大幅提升，能源资源利用效率稳步提高。

第四，城市生活更加和谐宜人。教育、就业、社会保障、医疗卫生、住房保障等公共服务水平不断提高。市政基础设施不断完善，公交出行比例大幅提高，居住条件明显改善，城市管理服务更加智能化、精细化。城市生态环境质量明显提升。城市自然景观和历史文化遗产得到有效保护，更具人文特色和文化品位。

第五，城镇化体制机制更加健全。城乡劳动者平等就业制度建立健全，城乡一体的建设用地市场基本建立，户籍、社会保障、住房保障等方面改革取得实质性进展，行政管理、财税等体制逐步完善，城市管理体制和社区服务平台更加健全，进城落户农民工承包地、宅基地市场化退出机制逐步形成。东部地区和中西部少数有条件的地区基本实现城乡统筹。

三、明确城镇化发展的战略重点

（一）优化城镇化布局和形态

昨天，马凯国务委员在讲到"多元形态"的城镇化道路时提出，要坚定不移地走以城市群为主体形态，大中小城市和小城镇协调发展的道路。以城市群为主体形态推进城镇化，实际上是"十一五"规划《纲要》明确的方针，十七大报告和"十二五"规划《纲要》又进一步强化了这一方针。我们的考虑是：推进城市群建设，完善城市规模结构，合理引导未来城镇人口空间分布；加强综合交通运输网络建设，强化交通对城镇化的引领和支撑。

1. 积极推动城市群建设

按照全国主体功能区规划要求，综合考虑区域城市数量、人口规模、城镇化率、经济密度、路网密度等因素，我们提出了分类推进城市群建设的总体思路，主要是在东部地区逐步打造更具国际竞争力的城市群，在中西部有条件的地区培育壮大若干城市群。

第一，在东部沿海地区，以建设世界级城市群为目标，优化提升京津冀、长江三角洲和珠江三角洲城市群，发挥其对全国经济社会发展的重要引领和支撑作用，在更高层次参与国际合作和竞争，在制度创新、科技创新、绿色发展和经济社会转型方面走在全国前列。

第二，以打造引领中西部地区经济发展的核心增长极为目标，重点建设长江中游城市群和成渝城市群，建设全国重要的高新技术产业、先进制造业和现代服务业基地，重要的科技创新中心和综合交通枢纽。

第三，在资源环境承载能力较强、城镇体系比较健全、区域中心城市有较强辐射带动作用的其他城市化地区，以完善基

103

础设施、提升中心城市功能、促进分工协作为重点，培育发展海峡西岸、山东半岛、辽中南、中原、关中、江淮等城市群，建成对区域发展具有重要辐射带动作用的增长极。

据初步统计，这些城市群涵盖了全国近半的地级以上城市，四成的县级市和一半的建制镇，预计到 2020 年，这些地区将集聚全国七成的城镇人口，占用六成的城镇建设用地。

2. 大力促进各类城市协调发展

我们强调以城市群为主体形态推进城镇化，不是只发展城市群，而是通过城市群建设来完善城市规模结构，促进大中小城市和小城镇协调发展。同时要注重城市群以外的其他城市和小城镇发展。

完善城市规模结构，首先需要对城市规模等级进行重新研究。1980 年《城市规划定额指标暂行规定》中关于大中小城市的划分标准，已难以准确反映我国城市发展现状，2008 年《城乡规划法》没有重申这一划分标准。但现实中，城市规模标准仍然是制定政策的重要依据，有必要根据城镇化发展的新特征、新趋势，重新研究制定城市规模划分标准。目前，不少研究机构和地方建议，以市区常住人口规模为标准，1 000 万人口以上城市为超大城市，500 万～1 000 万人口城市为特大城市，100 万～500 万人口城市为大城市，50 万～100 万人口城市为中等城市，50 万以下人口城市为小城市。这种分类与联合国《世界城市化展望》中的城市等级划分基本一致。

一要完善中心城市功能。强化其在城市群中的龙头地位，发挥其引领带动作用。提升直辖市、省会城市和计划单列市功

104

能，调整优化产业结构和城市空间结构，加强与周边城市分工协作，发挥在区域经济社会发展中的服务和辐射作用。同时，把发展基础好、潜力大、带动作用明显的地级市建设成为区域中心城市，提高综合承载能力，加快产业和人口集聚，带动区域经济社会发展。

二要加快发展中小城市。积极挖掘现有中小城市发展潜力，优先发展区位优势明显、资源环境承载能力较强的中小城市。提升城市群内中小城市发展质量，促进网络化连接、一体化发展，有效承接中心城市疏解的功能。引导城市群外中小城市有序发展，建设文化旅游、商贸物流、资源加工等特色中小城市。把有条件的东部地区的中心镇和中西部地区的县城，以及重要边境口岸培育发展成为中小城市。

三要有重点地发展小城镇。按照控制数量、提高质量，节约用地、体现特色的要求，推动小城镇发展与疏解大城市中心城区功能相结合、与特色资源开发相结合、与服务"三农"相结合。重点发展的小城镇有三类：位于大城市周边的小城镇要加强与城市的统筹规划，逐步建设成为卫星城；具有特色产业和生态文化优势的小城镇要通过产业集聚、市场连接、旅游开发和文化创意等模式，培育形成独具魅力的专业特色镇；远离中心城市的小城镇要完善基础设施和公共服务，形成服务周边、带动农村的重要节点。

3. 强化综合交通运输网络支撑

综合交通运输网络对优化城镇化布局具有重要影响，能够支撑和引领城镇化发展。在优化城镇化布局和形态中，要加强

综合交通运输网络建设。首先是围绕城市群布局，完善城市群之间综合交通运输通道，加强东中部城市群之间骨干网络薄弱环节建设，适度超前建设西部城市群的对外交通骨干网络，强化城市群之间交通联系。其次是健全城市群内部综合交通运输网络，以轨道交通和高速公路为骨干，以国省干线、通勤航空、内河水运为补充，加快推进多层次城际快速交通网络建设。三是围绕中心城市建设国家综合交通枢纽。建设以铁路、公路客运站和机场等为主的综合客运枢纽，完善布局和功能；推动实现城市内外客运零距离换乘和货运无缝化衔接；加强港口、机场等枢纽功能分工、布局与衔接。

（二）有序推进农民工市民化

农民工"半市民化"问题，是城镇化过程中亟待解决而又难以一下子解决的大问题。2011 年，农民工总量已达 2.53 亿，其中外出农民工 1.59 亿，新生代农民工约 1 亿左右，举家迁徙的农民工有 3 279 万人。到 2020 年，这些数量还会继续增加。解决这一问题，当前最重要的是强化制度顶层设计，要按照因地制宜、分步推进，存量优先、带动增量的原则，以举家迁徙和新生代农民工为重点，统筹推进户籍制度改革和基本公共服务均等化，一方面按照渐进梯度原则，逐步放宽城镇落户条件，力争到 2020 年实现 1 亿以上的农民工在城镇落户。另一方面以居住证为载体，有序推进基本公共服务均等化，力争到 2020 年实现农民工平等享有城镇各项基本公共服务。

1. 有序放宽农民工城镇落户条件

2011 年，外出农民工分布最集中的是地级市，占 33.9%；次之是县级市，占 23.7%；第三是省会城市，占 20.5%；第四是直辖市，占 10.3%；建制镇最少，占 8.9%。与 2009 年相比，在直辖市、省会城市和县级市的农民工比例分别上升了 1.2、0.7 和 5.2 个百分点，在地级市的农民工比例下降了 0.5 个百分点，而在建制镇的农民工比例下降了 4.9 个百分点，可见小城镇吸纳外来人口的能力比较有限。解决农民工市民化，不仅需要放开小城镇落户条件，也需要有序放宽大中城市的落户门槛。

	2009	2011
直辖市	9.1%	10.3%
省会城市	19.8%	20.5%
地级市	34.4%	33.9%
县级市	18.5%	23.7%
建制镇	13.8%	8.9%
其他	4.4%	2.7%

图 11　外出农民工在各类城市和小城镇分布

要根据城市的规模和综合承载能力，以就业年限或居住年限、城镇社会保险参加年限为基准，制定公平、公正、公开的农民工落户标准，引导农民工的合理预期和流向。国家仅对各类城市落户的最高年限标准提出要求，比如，小城镇除稳定职业和稳定住所外不得再设置其他门槛；中小城市可在此基础上

增设社保参与年限，但最高要求不超过 3 年；大城市增设社保参与年限的最高要求不超过 5 年；特大和超大城市可以更严一点，设置阶梯式落户通道，制定差别化落户标准。未来，可以全面取消小城镇落户条件，有序放开中小城市落户条件，逐步放宽大城市落户条件，合理控制特大城市和超大城市的人口规模。

2. 推进农民工享有城镇基本公共服务

逐步将农民工纳入城镇基本公共服务范畴，建立健全基本公共服务与居住年限相挂钩的机制，提高农民工及其家属享有城镇基本公共服务水平。

一是保障农民工随迁子女平等受教育的权利。这是农民工最关心的问题。相关研究表明，2010 年全国农民工随迁子女大约有 1 167 万，进入公办学校接受义务教育的比例不足 80%，但农民工聚集地区这一比例偏低。我们调研时了解到，广东东莞市农民工随迁子女在公办学校接受义务教育的比例只有23%。今后，我们要尽快将农民工随迁子女义务教育纳入城市政府教育发展规划财政保障范畴；全面实行农民工随迁子女在输入地、在全日制公办中小学平等接受义务教育；探索教育券等政府购买服务方式，保障在民办学校的农民工随迁子女免费接受义务教育；逐步将农民工随迁子女纳入输入地普惠性学前教育和免费中等职业教育的招生范围。

二是健全覆盖农民工的公共就业服务体系。2011 年，我国农民人均纯收入 6 977 元，其中 42.5% 是来自工资收入。尽管近年来农民工工资大幅增长，但"同工不同酬"问题仍然存在。

因此，要完善城乡劳动者平等就业制度，免费为农民工提供就业信息和政策咨询，实施提升农民工职业技能行动计划，将农民工创业纳入政策扶持的范围，健全农民工的劳动权益保障机制。

三是扩大农民工城镇社会保障覆盖面。要加快推进农民工社会保障全覆盖，逐步实现城乡养老保障和医疗保障制度的有效衔接，推动农民工与城镇职工平等参加工伤保险、失业保险、生育保险，并享受相应待遇，全面实施社会保障"一卡通"工程。现在我国城镇职工中还有近1亿人没有参加社会保障，主要是农民工、私营企业的职工和临时就业人员。农民工流动性较强，而且社保缴费较高，企业和农民工参保意愿比较低。2011年，外出农民工参加城镇养老保险、工伤保险、医疗保险、失业保险和生育保险的比例分别为 13.9%、23.6%、16.7%、8.0%和 5.6%。

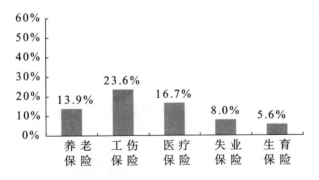

图12　2011年外出农民工参加城镇社会保险的比例

解决这个问题，重点是要实现基础养老金全国统筹。"十二五"规划《纲要》提出，推行社会保障"一卡通"，全国发放8亿张统一的社会保障卡。未来如果社保卡能覆盖所有城乡人口，

实现"卡随人走"，人口流动将不再受社会保障制度制约。

四是改善农民工基本医疗卫生条件。要根据常住人口规模配置公共卫生服务资源，保障农民工及其随迁家属与城镇居民平等享有基本公共卫生服务。加强农民工疾病预防控制和医疗救助，逐步扩大医疗救助的病种范围，提高医疗救助经费补助标准。特别是要加强农民工聚居地的疾病监测、疫情处理和突发公共卫生事件应对。推动社区医疗服务网络向农民工聚居地延伸。把农民工职业病防治纳入基本公共卫生服务体系，列入国家重大公共卫生服务项目。按照与户籍人口同等待遇原则，向农民工免费提供计划生育、优生优育、生殖健康等服务。

五是拓宽农民工的住房保障渠道。根据国家统计局调查，目前，外出农民工中居住在雇主或单位提供宿舍的占 32.4%，居住在工地、工棚和生产经营场所的占 16.1%，租房的占 33.6%，居住条件差、居住成本高是普遍现象。下一步，要逐步将符合条件的农民工纳入城镇住房保障体系，通过廉租房、公租房和租赁补贴等多种形式，改善农民工的居住条件。在农

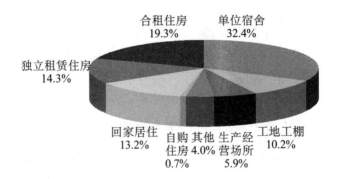

图 13　2011 年外出农民工居住情况

民工集中的开发区和工业园区建设公共租赁住房，鼓励农民工数量较多的企业在符合规定的用地范围内建设员工集体宿舍。在城中村和城乡结合部，探索利用农村集体建设用地建设公租房性质的农民工公寓。

3. 建立健全农民工市民化推进机制

农民工市民化是一个政府推动、社会参与、个人努力的过程，应构建政府主导、多方参与、成本共担、协同推进的农民工市民化机制。明确各级政府的责任，健全政府、企业、个人成本分摊机制，建立公共成本分担机制，完善农民工的社会参与机制。

(三) 提高城市可持续发展能力

增强城市经济、基础设施、公共服务和资源环境对人口的承载能力，提高城市可持续发展能力，是促进城镇化健康发展的重要战略任务。

1. 优化城市空间结构

要按照统一规划、协调推进、集约紧凑、疏密有致的原则，统筹中心城区改造和新城新区建设，提高城市空间利用效率。一是提升中心城区功能。坚持保护修复与改造更新并重、旧城改造与功能提升并举，推进棚户区和城中村改造，完善旧城功能，保护和传承历史文化。二是规范新城新区建设。按照集约紧凑、产城融合、集聚人口的原则，科学规划新城新区建设。以人口密度为基本标准，严格新城新区设立条件，严格控制新城新区建设用地规模，合理划定城市开发边界，防止城市无序

蔓延。注重功能混合布局，在集聚产业的同时有效集聚人口，实现城市用地增长与人口增长相匹配。目前，建设新城新区已成为各地城市空间扩张的主要方式，处理不好将形成新一轮"圈地热"。三是改善城乡结合部环境。加快城区基础设施和公共服务向城乡结合部延伸覆盖，加强生态环境整治和社会管理综合治理，保护城乡缓冲地带的生态用地和农业用地。

2. 增强城市经济发展活力

要推动城市经济转型，推进创新城市建设，增强产业支撑能力和就业吸纳能力。一是促进产业优化升级，培育壮大新兴产业和现代服务业。目前，我国服务业发展相对滞后。2010年我国服务业比重为43.1%，而同期美国是78.4%，英国是77.5%，法国是79.2%，德国是71%，日本是71.9%，比我国高很多。其他国家如巴西是67.4%，俄罗斯是61.1%，印度是55.3%，韩国是58.2%，也比我国高。服务业吸纳就业的能力强，带动消费的能力强，同时产业配套能力也很强，特别是研发和高端营销产业，有利于提升产业综合竞争能力，是未来需要大力发展的重点。二是提升城市创新活力，推进创新要素集聚和创新集群发展。城市是人才集聚地，也是创新最为活跃的地方。三是大力发展中小企业，促进以创业带动就业。

3. 推进宜居城市建设

建设生活舒适便捷、生态环境优美的宜居城市，要完善城市居住服务功能。一是优先发展城市公共交通。按照《"十二五"综合交通运输体系规划》要求，加快城市公共交通发展，到 2015 年实现百万以上人口城市公交出行占机动车出行的比例达到 60% 以上，公交站点要实现 500 米全覆盖。二是加快完善市政公用设施，构建安全高效的市政公用设施网络体系。三是完善城镇住房供应体系。加大住房保障投入力度，对城镇低收入者实行廉租房政策，对城镇中低收入者实行公租房保障，对城镇中高收入者实行租购商品房相结合的制度，力争城镇保障性住房比例达到 20% 左右。通过这些差别化的住房政策，降低人口进城的门槛。此外，还要加强公共服务设施建设，促进城市绿色低碳发展。

4. 创新城市管理

要树立以人为本、服务为先的理念，创新城市管理方式，完善城市治理结构，推进城市管理现代化。具体包括：提升城市规划管理水平，推进智慧城市建设，构建社区管理服务平台，加强社会管理综合治理，健全自然灾害防范和应急管理体系。社区管理服务需要往下延伸，体现以人为本、服务为先的管理理念，把服务融入到管理中，管理平台往下延伸。

四、统筹城镇化发展制度安排

推进城镇化涉及"人、地、钱"等方面的制度改革和政策安排，是一个系统性大工程，需要整体设计、重点突破、统筹推进。在一定意义上，城镇化规划编制实施的成功与否，很大程度上取决于关键领域的体制改革和政策设计能否取得突破。

113

（一）改革土地管理制度

"十一五"期间，全国农村常住人口减少了 6 047 万，而农村居民点建设用地却增加了 210 万亩。推进城镇化，既要保障建设用地供给，又要严格保护耕地，要处理好两者的关系。未来推进土地管理制度改革，要优化"两结构"，即优化城市群用地结构和城市用地结构；要探索实行"三挂钩"，即城乡之间用地增减挂钩、城乡之间人地挂钩、地区之间人地挂钩。在保障用益物权前提下，积极探索在城镇落户农民工承包地和宅基地自愿有偿退出机制。

（二）建立融资长效机制

目前，各地都将土地出让收入作为城市建设的主要资金来源，但这种做法难以长期持续，迫切需要探索建立可持续的融资长效机制。我们的设想是，通过完善财政转移支付、培育地方税源、发行市政债、加大政策性贷款、引导民间融资等方式拓宽融资渠道，为城镇化建设提供稳定可持续的资金来源，破解"土地财政"难题。一是统筹土地出让金制度改革和房产税改革，培育地方主体税源。二是以房地产税、部分市政设施使用者付费以及其他一般性财政收入为偿还来源，探索发行市政建设债券。三是发挥金融市场的激励和约束作用，探索建立政策性贷款支持城镇化发展的途径和方式。四是鼓励和推动民间资本投资建设市政公用设施。

（三）完善人口管理制度

创新和完善人口管理，建立健全户籍制度和居住证制度有效衔接的人口管理制度。一方面，要改革户籍制度，逐步剥离因户籍差异而产生的不同福利待遇，还原户籍的人口登记功能。另一方面，实行全国统一的居住证制度，取消居住证的领取门槛，以居住证为载体统筹人口管理和基本公共服务提供。此外，还要建立国家人口基础信息库，整合人口信息资源，加强人口信息管理。实现差别化的人口迁移政策，引导人口合理有序迁移和适度集聚，逐步形成以城市群为主要载体、其他城市和小城镇为补充的城镇人口分布格局。

（四）推进行政区划创新

由于相关政策因素，我国城市数量从 1997 年的 668 个减少到 2011 年的 657 个，特别是小城市数量占比从 57.6% 下降到 39.6%，中小城市缺位现象严重，城市规模结构不合理。这与国外城市化快速推进时期城市数量同步大幅增长的情况形成明显差异。美国城市化率从 20% 提高到 50% 阶段，城市数量由 392 个增长到 2 722 个；日本城市化率从 38% 提高到 70% 阶段，城市数量从 166 个增长到 652 个。要顺应城镇化发展趋势，尽快启动设市工作，以常住人口为基准，完善设市标准、创新设市模式，适度增加中小城市数量。同时，研究探索城市群协调机制，推进城市群一体化发展。

（五）统筹城乡协调发展

对我们这个 13 亿人口的发展中大国来说，农业是百业之基，主要依靠自己的力量解决粮食问题，始终是头等大事。到本世纪中叶，我国总人口将有可能达到 15 亿左右，即使城镇化率提高到 70％，仍有 4 亿～5 亿人口生活在农村。解决"三农"问题、缩小城乡差距，是全面建设小康社会以及现代化建设中最艰难、最繁重的任务。因此，在积极稳妥推进城镇化的同时，要努力构建城乡发展一体化制度，促进城乡统筹发展。

以上是我们对城镇化规划的一些初步考虑，还很不成熟，特别是政策设计、制度安排等一些问题，还需要进一步深入研究。编制到 2020 年的城镇化发展规划，责任重大，任务艰巨，我们将继续努力工作，深入研究思考，广泛听取意见，集中各方智慧。党的十八大即将召开，我们将以十八大精神为指导，认真编制好城镇化发展规划。

城镇化中的土地管理问题

胡存智

今天我向大家简单介绍一下城镇化中的土地管理问题，主要包括三点内容：第一，国土空间优化开发战略下的城镇化道路选择；第二，城镇化的土地利用空间结构与布局；第三，城镇化进程中的节约集约用地问题。

一、国土空间优化开发战略下的城镇化道路选择

（一）城镇化面临国土开发空间不足的约束

1. 东西的差异是长期稳定存在的，国土开发的利用规律明显

"胡焕庸线"是我国地理学家胡焕庸 1935 年发现的。按我国人口分布密度，自黑龙江黑河至云南腾冲画一条直线，此线东南侧居住着全国 96％的人口，而西北侧只有 4％。"胡焕庸线"从发现至今，历经数次人口普查，两侧一直表现出明显差异，呈现稳定的经济地理分布特征。人口、经济发展和建设活动都集中在该线东南侧。东西两侧人口比重大体上保持在 94％和 6％，东南侧的国内生产总值占比长期保持在 94％以上。"胡焕庸线"反映了我国国土空间开发、经济活动和人口集聚的基本格局，这一最基本的国情，在中国城镇化建设中应当充分认识。

＊ 本文是国土资源部副部长胡存智同志 2012 年 9 月 10 日在国家行政学院省部级领导干部推进城镇化建设专题研讨班上的授课内容。

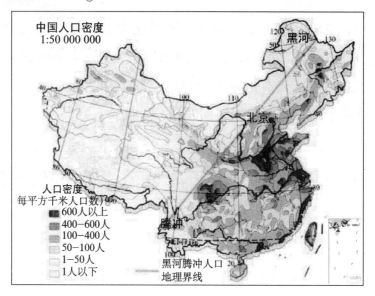

图1 "胡焕庸线"示意图

"胡焕庸线"与 400 毫米等雨量线、地貌分界线、文化分界线等基本重合。

东南侧以平原、丘陵、水网、喀斯特和丹霞地貌为主，是我国传统农耕文明的发祥地，国土空间较宜开发，有利于经济发展和人口集聚；西北侧以草原、沙漠和雪域高原为主，是我国历史上的游牧文化区，生态脆弱的区域居多，不适宜大规模开发和人口集聚。

表1 21世纪初"胡焕庸线"两侧若干参数（%）的比较

	国土面积	耕地面积	占有水资源	粮食产量	GDP总量	人口（年份、占比）		
						1935	1953	2000
东侧	43.2	85.4	70.0	94.1	95.7	96.0	95.6	93.8
西侧	56.8	14.6	30.0	5.9	4.3	4.0	4.4	6.2

2. 东部过密，西部承载力低

中国的人口密度虽只相当于尼日利亚的水平，但由于人口偏居东南半壁，此区域人口密度已相当于印度、日本，跃居世界"密"之前列。"胡焕庸线"东南侧的户籍人口密度为 294 人/平方公里，总的来看趋于"过密"；西北侧人口密度为 15 人/平方公里，表面上近乎"过疏"，但因绿洲人口过度饱和、天然草原超载过牧，以及持续性生态衰退，实际上已接近土地承载能力。

表2 世界多国人口密度比较

国 别	人/平方公里		国 别
韩国	472	28.2	美国
荷兰	>400	18.7	巴西
印度	342	12.5	阿根廷
日本	336	11.0	苏丹
英国	247	9.0	俄罗斯
德国	228	3.0	加拿大
中国	135	2.0	澳大利亚
尼日利亚	120	1.5	蒙古
中国东南侧 294→350		15→17.5 中国西北侧	

3. 适宜大规模、高强度开发的国土空间有限

根据国际经验，人均国内生产总值达到 1 万美元之前，人口、产业向发达区域集聚的趋势不断加快。目前我国的人均国内生产总值约 4 000 美元，所以在未来较长时间内，各先发地区和中心城市人口增长和产业集聚的趋势依然强劲。然而，这些地方的建设用地新增空间十分有限。

中科院研究表明，我国适宜居住的国土面积约为陆地国土面积的 19%，大致是 182 万平方公里；《全国主体功能区规划》提出，适合大规模和高强度工业化、城镇化开发的陆地国土面积为 180 万平方公里左右。这些空间主要集中在"胡焕庸线"

中国城镇化建设读本

东南侧，是未来我国工业化、城镇化和农业现代化的主要区域；"胡焕庸线"的西北侧不适合进行大规模的开发建设，只能是在生态保护的前提下进行集中"据点式"开发。我国东部率先发展、东北振兴和中部崛起战略相继实施，"胡焕庸线"东南侧的各项生产、建设等国土开发活动全面展开，目前主要经济区和中心城市的国土开发程度已经达到或超出发达国家水平。

4. 建设用地比例过高危及发展空间

过高的建设用地比例，使资源、环境的瓶颈制约与经济社会发展的矛盾更加尖锐，直接危及到可持续发展能力。就建设用地占国土面积的比例而言，很多地方开发的密度过大了。我国东部各省的国土开发程度已经超过或接近15％，高于荷兰、德国、韩国、英国等发达国家的水平；深圳、广州、苏州、上海、天津、北京等城市，以及珠三角、长三角和京津冀地区的国土开发程度已经超过或接近25％，高于英格兰地区、日本三大都市圈，以及德国斯图加特等发达地区。

根据比较详细的统计，现在国内的情况是这样的，2005 年到 2020 年建设用地占辖区比例，全国从 3.36％ → 3.94％，上海从 29％→36％；天津从 29％→34％；北京从 19 ％→23％；香港 22％；江苏从 17％→19％；广东从 9％→11％；浙江从 9％ →11％。全国建设用地占国土面积的比例不高，全国来看现在是 3.36％，到 2020 年，建设用地指标也不过只占 3.94％，应该说不多。但是这只是表面现象，这个数字不能按具体区域或城市来算，一算就有大问题了。比如说上海，上海是 29％，但这个数字是 2005 年的，现在已经超过 30％了。到 2020 年，

122

上海的建设用地将占上海市辖区面积的 36％，而且这个辖区面积已经把辖区内海面和长江的水面都算进去了，如果不算，上海已经达到 40％多，将近 50％。这样资源与环境压力就会非常大。天津稍好但是也好不到哪儿去，到 2020 年将会达到 34％。北京的建设用地比例到 2020 年也将达到辖区面积的 23％。大家看北京的数字似乎小一点，但不要忘记，北京市 1.6 万平方公里的土地中，有 1 万平方公里，将近 60％是不适合进行大规模开发建设的，都是山区，只有 40％左右是平原。也就是说，如果只把这 23％放到平原去，北京的平原面积上将有一半都是建设用地。而同期我们可以看到，香港的建设用地面积只占 22％。这是城市的情况。我们再看看省的情况，同样也不乐观。我国已开发面积强度最大的是江苏，江苏将近达到 20％。这是 2020 年的数字，但是根据我们的了解，目前有很多地方已经达到 20％了，江苏现在也接近 20％。广东看着不高，到 2020 年只有 11％，但是实际主要集中在珠江三角洲。与国外的开发程度相比，我们的比例确实有些高了。比如说韩国，韩国的自然条件与浙江省的自然条件非常接近，面积几乎一样，都是 10 万平方公里不到；人口都是不到 5 000 万；地形都是以山地为主。但浙江的建设用地占国土面积的比例为 11％，而 GDP 大概只有韩国的 1/4。大家注意，到 2020 年，韩国的建设用地占国土面积的比例才是 11％。再来看看发达国家，它们建设用地占国土面积的比例也就是 6％～15％。荷兰是 15％，德国是 13％，英国才是 6％，当然英国的苏格兰地区和伦敦地区要高一点，但是也不过是 15％。更重要的是，这些国家都已经进入后工业化时代和后城镇化时代，建设用地基本不会怎么增长了。所以从这个情况看，我们不仅是开发的空间受到约束，更重要的是我们的部分地区建设开发强度过高了，建设用地过快了。

下面这张图是国外部分城市与我国部分城市开发强度的对比情况，单位是百分比。它充分说明了我刚才所讲的，我国的很多地方，特别是东部的很多地方，都已经是开发强度过高了。

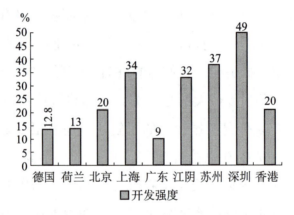

图2　国外部分城市与我国部分城市开发强度对比

5. 各业各类竞相用地的矛盾加剧

第一，人口增长和食物结构的变化导致粮食需求增加，所以我们必须守住耕地红线。我国人口基数庞大，到2030年左右将达到峰值，所以我们必须保障食品安全。经济的发展和收入的提高使食物消费结构升级，对粮食需求将不断提高。我国农业是吸纳就业人口最多的产业，保护耕地就是稳定农业、稳定就业、稳定社会基础。在生物革命取得重大突破前，严保耕地仍是保障粮食安全的前提和基础。

第二，要构建我国的国土生态屏障和安全系统，就需要一定数量的生态用地。总的来说，我国的生态空间、生态条件和生态环境都不容乐观。目前中度以上生态脆弱地区占国土面积的比例已经达到55％了。所以对于促进生态总体向好这样一个要求，我们是刻不容缓。面对全球气候变暖的趋势，我国政府已经向世界承诺，到2020年，我国的森林保有量要增加4万公顷以上。到2050年，我国的森林覆盖率要稳定在26％以上，目前这个目标还有待努力。因此从生态文明建设的情况看，我们要提高这方面的水平，提高这方面的质量，一个最核心的指标就是增加生态用地。如果这方面的用地不能增加，其他东西都要相应受影响。在这样的压力下，不仅是耕地和建设用地的问题，还有生态用地问题，包括林地的问题、草原的问题，等等。总之，各业各类都需要土地。

所以，我们在给中央报告土地管理情况的时候提到，未来我国开发空间的基本格局不会改变，建设的速度也不会放缓，对于粮食安全和生态安全的要求也不可能降低，更不能让生态状况越来越差，因此在工业农业争地、城镇农村争地、生活生产生态争地的态势还将不断加剧的情况下，土地资源"紧约束"的局面将更加凸显和加剧。面对如此情况，我们在城镇化的发展中，只有切实转变土地利用与管理方式，优化国土空间开发利用格局，大力提高土地利用效率，走节约集约用地之路，才能应对国土开发空间不足的严峻挑战。

（二）城镇化受到区域经济失衡的影响

1. 区域发展程度的差异过大

一是区域经济发展差距大。2010年，美国的富州与穷州的人均 GDP 相差 1~2 倍，欧盟的富区与穷区相差 2~4 倍。而在我国，同年上海市的人均 GDP 比贵州省高出 6 倍，地均 GDP 高 104 倍。2010 年，整个东部地区单位面积用地上的 GDP 达到 2 533 万元/平方公里，是全国平均水平的 6 倍，是其他区域的 13 倍，是西部的 21.37 倍。

二是城乡用地，东西南北差异大。北方地区的人口承载为 4 557 人/平方公里，折合人均用地 233 平方米/人；南方地区的人口承载为 7 429 人/平方公里，折合人均用地 136 平方米/人。

2. 区域经济的同构化与空间失调并存

工业化地区的产业结构趋同，沿海港口城市与长三角、珠三角的机场布局都存在着重复建设的现象。区域生态空间、生活空间和生产空间的配比失衡，引发过度竞争或效益低下。从区域发展对全国的贡献程度看，存在中部崛起、东部放缓的趋势，部分经济发达地区出现资源高消耗、增长高速度、发展低贡献的迹象，导致效益下降或过快地到达边际效益。

（三）国土空间优化开发下的城镇化战略

未来城镇化发展的总体态势是：城镇化在 20 年内仍处于较快的发展阶段，面临国土空间不足的资源环境约束，城镇化进入质量和速度并重的发展期，面临转方式、调结构、上水平的挑战。城镇化转型发展的条件已初步具备，面临着城镇化道路的战略选择。对城镇化发展布局和形态的基本要求是：未来近3亿人口将陆续进入城市，需要安排承载、集聚8.5亿人的城市规模，统筹空间布局；需要形成运行高效、互补协调、生态和谐、景观优美的城镇体系和用地格局。同时，城市将构成国家经济发展的主要增长极和经济中心，发挥骨干和支撑作用。

1. 以城市群促进国土空间优化高效开发

面对国土空间约束和区域经济失衡的国情，为落实主体功能战略和区域发展战略，在城市化进程中必须构建和形成都市圈、城市群，并依托其推动大、中、小城市协调发展。城镇化应实现有序的空间布局，优化国土空间开发，在我国国土开发空间不足的约束条件下，形成具有更大集约度和承载力的国土空间开发格局。区域人口之密不等于空间之满，人口密集区只要空间布局得当，仍可以收到"密而不满"之效。而如果无序拥塞，则会"满则溢"，再无秀美之国土可言。同时，城镇化布局应落实国家经济非均衡发展战略，坚持东部地区率先发展、梯度向西推进，在此前提下开展均衡协调，在国土开发利用上形成"整体疏、局部密"的城市群布局。

推动都市圈、城市群的发展是经济社会发展的普遍趋势，是众多国家城市发展的重要形态和结果。城市群、都市圈是国土开发利用的重要空间形态，是发展经济的重要载体，可以高强度地承载人口和产业，共享基础设施，高效利用土地，在国家发展中以较小的国土面积发挥骨干和支撑作用。特别是在人

127

多地少、人口密度大的国家，发展城市群对优化国土空间开发的作用更为明显。

美国东北海岸和五大湖地区、日本三大都市圈、欧洲西北部，以及英国伦敦地区的发展都表明，以城市群形成的空间集聚效应对经济发展的作用巨大。

表3　世界重要城市群的经济和人口集聚作用

城市群名称	占国土面积%	承载人口比例%	占经济比重%
美国东北部	1.5	18	24
美国五大湖地区	2.2	16	18
伦敦地区	18.4	65	80
欧洲西北部	20.2	35	44
日本三大都市圈	26.5	69	74

前几天徐主任①给大家谈到了这方面的内容，我们也有些这方面的数字。在国外的发展中，这些城市群都起到了骨干支撑作用。世界上的主要国家，除了稍微特殊一点的，像德国这样的以小城镇为主的国家，大多数都是以城市群来支撑整个国家经济发展的。美国东北部也好，日本三大都市圈也好，这些都表明：城市群在集聚人口和占国家经济的比重上，都占了主要的份额。比如说英国，英国主要的人口和经济主要都集中在伦敦地区。虽然过去在它强大的时候，曾经在沿海发展了很多港口城市，但是随着现在经济的变化，这些城市的发展很缓慢。

2. 优化重点城市群的空间布局

一是要形成我国国土空间优化开发下的城镇化基本格局。"胡焕庸线"东南侧仍是未来新增人口的主要承接地域，在优化

_____

① 指国家发展和改革委员会副主任徐宪平。

发展长三角、珠三角、环渤海等区域的同时，应选择主体功能区规划确定的重点开发区域，高效集约地发展一批城市群，同时促进大中小城市和小城镇协调发展，承担起吸纳人口和承接产业转移的重任，形成整体疏、局部密的国土空间利用格局。在"胡焕庸线"以西，应选择产业基础好或有资源条件、且适合开发建设的区域，通过"据点式"开发、集约发展，引导人口和产业的集聚，提高国土空间的利用效率。

二是在国土空间布局上采取"优三聚十八"的战略，即优化发展三大城镇密集区，环渤海地区（京津冀地区、辽中南地区、山东半岛地区）、长江三角洲地区、珠江三角洲地区三大都市区面积，共约41.69万平方公里。聚集发展十八个城市群，即冀中南地区、太原城市群、呼包鄂榆地区、哈长地区（哈大齐工业走廊和牡绥地区、长吉图经济区）、东陇海地区、江淮地区、海峡西岸经济区、中原经济区、长江中游地区（武汉城市圈、环长株潭城市群、鄱阳湖生态经济区）、北部湾地区、成渝地区（重庆经济区、成都经济区）、黔中地区、滇中地区、藏中南地区、关中－天水地区、兰州－西宁地区、宁夏沿黄经济区、天山北坡地区十八个大城市群面积，共约167.61万平方公里，合计约占全国国土面积的22%；区域常住总人口约占全国总人口的40%；地区生产总值、预算内财政收入、完成全社会固定资产投资三项指标，均占全国总量的60%左右。21个城市群涵盖4个直辖市、130多个地级市，不仅在国家经济发展中起核心和骨干作用，而且在提高全国土地节约集约利用水平中起到支撑和示范作用。

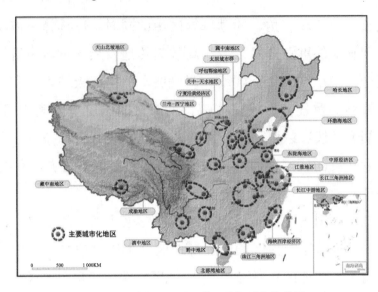

图3　"十二五"规划："两横三纵"城市化格局

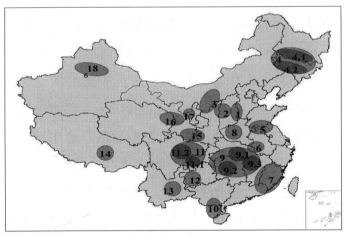

重点开发区域
（18片22个）

1.冀中南地区	5.东陇海地区	9.3鄱阳湖生态经济区	14.藏中南地区
2.太原城市群	6.江淮地区	10.北部湾地区	15.关中－天水地区
3.呼包鄂榆地区	7.海峡西岸经济区	11.成渝地区	16.兰州－西宁经济区
4.哈长地区	8.中原经济区	11.1重庆经济区	17.宁夏沿黄经济区
4.1哈大齐工业走廊	9.长江中游地区	11.2成都经济区	18.天山北坡地区
和牡绥地区	9.1武汉城市圈	12.黔中地区	
4.2长吉图经济区	9.2环长株潭城市群	13.滇中地区	

图4　规划"重点城市群"位置

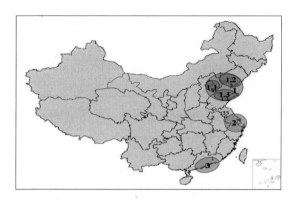

优化开发区域
（3片5个）

1.环渤海地区
　1.1京津冀地区
　1.2辽中南地区
　1.3山东半岛地区
2.长江三角洲地区
3.珠江三角洲地区

图5　规划"三大城市圈"位置

表4　规划优化开发区域面积

优化开发区域		面积（万 km²）
1. 环渤海地区	1.1 京津冀地区	7.09
	1.2 辽中南地区	12.84
	1.3 山东半岛地区	4.76
2. 长江三角洲地区		11.54
3. 珠江三角洲地区		5.47
合　计		41.69

表5　规划"重点城市群"面积

重点开发区域		面积（万 km²）
1. 冀中南地区		6.07
2. 太原城市群		8.39
3. 呼包鄂榆地区		13.92
4. 哈长地区	4.1 哈大齐工业走廊和牡绥地区	11.83
	4.2 长吉图经济区	7.95
5. 东陇海地区		2.40
6. 江淮地区		7.22
7. 海峡西岸经济区		8.33
8. 中原经济区		5.42
9. 长江中游地区	9.1 武汉城市圈	5.78
	9.2 环长株潭城市群	9.69
	9.3 鄱阳湖生态经济区	5.70

（续表）

重点开发区域		面积（万 km²）
10. 北部湾地区		5.66
11. 成渝地区	11.1 重庆经济区	8.23
	11.2 成都经济区	5.12
12. 黔中地区		5.17
13. 滇中地区		9.33
14. 藏中南地区		6.01
15. 关中—天水地区		8.94
16. 兰州—西宁地区		16.29
17. 宁夏沿黄经济区		4.07
18. 天山北坡地区		6.11
合　　计		167.61

二、城镇化的土地利用空间结构与布局

（一）城乡建设用地布局和结构的问题

1. 城乡用地空间布局不合理

特大城市、大城市：空间形态普遍呈现以主城区为主，以"摊大饼"方式向外蔓延发展，城市土地利用布局严重不合理。

城市内部：土地利用结构、布局不合理，铺张浪费和过度密集并存，城市环境、城市生态、城市交通逐步退化，"大城市病"逐步加重。而且不同城区呈现出不同问题，老城区过度拥挤，密度大，容积率低；新城区贪大求洋；开发区铺张浪费。在实际工作中，我们分析和调整城乡用地空间的时候，要针对这些问题采取不同的措施，不能一概而论。

集镇和村庄：形态、布局和用地散乱，用途与功能配置不合理，生产、生活功能配套缺失，用地低效、闲置普遍，效率低下。正如前几天黄兴国[①]市长所说，在北方村镇对基础设施服务和环保普遍流传着三句话，"垃圾基本靠风刮，污水基本靠蒸发，环境保护基本靠自发"，有人把这叫做"三个基本"。现在很多乡村地区都是这样。

2. 建设用地比例失调，利用水平低

根据土地调查的数字表明，全国人均城乡用地是 182 平方米。这个数字在世界上相对来说是比较高的，当然比发达国家低很多，但也不是最集约的国家。全国平均城镇每一个人大概用地 130 平方米，其实南北还有很大差异。比如说内蒙古，内蒙古的城镇人均可以用到 300 多平方米。而全国城镇人均用地最少的是贵州和重庆，云南也不多，这三个地方是比较挤的。这也符合地域规律，因为这三个地方的山地都很多，同时还是南方，气候不同。全国农村人均占用的农村居民点用地是 220平方米。全国不同地域的差异也很大，农村用地面积比较多的是内蒙古和新疆，大概可以达到人均 500 多平方米，相当于人均一亩地。在南方当然就要少一点。总的来讲，城乡之间存在明显的用地效率落差，并呈扩大趋势。

城乡用地比例结构失衡。总的来讲是农村用地多，城市用地少，目前全国的比例大概是 3∶7。城镇工矿用三成左右的

---

① 指天津市市长黄兴国。

地，农村居民点用七成左右的地。但从人口比例上来说，大家就发现了，人口是一半对一半。这个趋势很明显，也说明改变的潜力是很大的。还有一个问题是城镇内部的独立工矿用地增加过猛。广东的数字有一定代表性，从1996年到2007年，在批给居民点和独立工矿的增量土地中，独立工矿占了52.5%，半壁江山拿去搞工业了。下面这个数字很有意思，在这些增量用地中，城市用地占17%，建制镇用地占24.5%。农村的居民点用地这些年增长比较慢，但还在增加，按理说它不应该增加了，人都进城了，地就占少了，但它确实还在增加，不过增加得比较慢。真正用得多的是城镇的独立工矿用地，主要用来建设工业区和开发区，一多半用在工业上了。工业用地确实有些过多，增长过猛了。

（二）我国城镇化发展推动模式的选择

我们既要充分吸取西方国家城市化的经验，选择好路径，缩短我们的城镇化过程（它们的城市化基本上从1760年开始，到现在已经历经250年），更要结合我国土地资源紧约束的国情，谋划好我们的蓝图以及实现蓝图的路径。我国的城镇发展需要以都市圈为整体，以大城市为中心，带动周边小城镇发展建设，形成大中小城镇在都市圈内协调发展的新格局。

1. 城镇化发展的道路和推动模式

改革开放正式提出城镇化问题后，我们在城镇化的道路和模式上存在多种表述。多年来较多的提法有"限制大城市、发展中等城市、扶持小城市"和"大、中、小城市协调发展"等。

十五届三中全会明确提出"小城镇、大战略"。"十五"期间，党的十六大提出"繁荣农村经济，加快推进城镇化进程"。近期，各方专家、学者又提出了十八个或十三个城市群，甚至三大城市连绵带的发展模式。这在国家规划和相关研究中均有所体现，包括《全国城镇体系规划规划（初稿）》、《全国国土规划纲要与国土开发战略研究（送审稿)》和《全国主体功能规划》等。有这么多的发展道路和推动模式的设计，这个事情到底应该怎么去做？从土地利用的角度来讲，我们还是要以大城市为核心来带动周边的小城镇协调发展、同步发展。

2. 以大城市为核心带动周边小城镇同步发展

进城农民工在大中小城市中的分布情况大概是这样的，2008年的总数是2.25亿，其中大中城市1.19亿，占52.9%；小城市和城镇1.06亿，占47%。预计到2012年总数将达到2.53亿，其中大中城市1.64亿，占64.7%；小城市和城镇0.89亿，占36.3%，可见向大城市集中是规律。但也不能都涌入大城市，应该是有主有从，大中小城市在一个地域内、在一个整体系统中协调发展。

各类城镇在中心城市的辐射影响力范围内是可以形成互补的。大城市集聚力强，自我更新和生长力强，投资效益高，经济运行速度快，交通便捷，产业类型多，就业门类齐全，文化活动丰富。而小城镇产业成本低，生活成本低，居住环境好，人际关系简单，人文关系和谐，生态环境好，乡土气息强。这样一看，大城市的优点就是小城镇的缺点，小城镇的优点就是大城市的缺点，正好可以以大带小，实现协调发展。因此，要

在中心城市的辐射影响力范围内发展一批中小城镇。这是城市化、工业化等社会经济发展规律的客观要求，否则工业集聚无法实现，小城镇也无法发展。中小城镇可以对工业产业进行功能配套，否则产业链无法形成，梯度转移难以进行。中小城镇可以疏解中心城区的压力，满足城镇运行和住房的需要，以及基础设施利用的要求。还可以在不同城市、城镇间形成不同梯度的生活成本、人文心理需求和社区管理要求。

前几天仇部长[①]谈到一个问题，英国当年就设想过，在一个独立的中小城镇中也应该发展自己的产业，让人们在本地就能就业生活，不要把小城镇弄成"睡城"。这个理念非常好，我们在发展中一定要有这个理念。这个理念影响了世界上城镇发展的一大批地方，比如说香港地区。香港就是按照这个理念来发展新市镇的，但是大家一定要注意，这个理念不能完全代替现实，英国人最后自己也没完全做到。当时建设城镇的时候是配套的，没有问题，但是随着经济的发展，产业结构的转移升级，它就全变了。当年香港按照这个理念建立了一系列有名的新市镇，如沙田新市镇、屯门新市镇、将军澳新市镇等，全部是按这个理念建设的，几十万人一个地方。当时香港的工业是什么呢？是成衣业、电子业和轻加工业，大量的人口就集聚在这些城镇里面工作。但是不到十年，这些产业统统转移到珠江三角洲，除了老板跟着走以外，工人一个都不走，全部留在香港。这样他们就要寻求新的就业岗位，但是新的就业岗位都

---

① 指住房和城乡建设部副部长仇保兴。

在港口，都在中心城区，是金融业、国际航运业和服务业。于是这些新市镇全成了"睡城"，全部交通变成钟摆式运行，白天去上班，晚上回来睡觉。不能说设计理念不好，不能说产业配套不好，但是从历史的发展看，最后的结果无一例外，形成了这样一个结果。原因不是说我们想不到，而是产业结构的变化，经济发展规律比人强。在这种情况下，我们如果没有这个理念，那是绝对有问题的，但是如果仅仅凭这个理念去做事，也是有问题的。

3. 构建中心城市"缓冲带、过渡带"

我们要以小城镇在中心城市周边构建城市的"缓冲带、过渡带"。这里既是休闲、度假的好地方，是贴近乡土、贴近自然的休闲天堂，又是初步进城人群居住和就业的"吸纳带"。这个缓冲带有快速通道连接，有中低价住房，还有乡土的人文环境，能够有效减少"大城市病"的发生和影响。能够缓解城市交通恶化趋势，降低城市运营成本，有效避免贫民窟、棚户区大面积的出现和蔓延，防止城市人文环境的恶化。我们最好不让进城人口一步就涌到大城市中心里去。就像北京，北京周边由于没有一系列的中小城市作为承接的地方，于是一步就"冲"到四环、三环以内，这样的话，大城市的生态环境也将处于下降状态，人文的生活社区管理也会处于比较差的状态。如果有了这个"过渡带"，小城镇在周边就起到缓冲作用。

4. 按规律合理安排城镇内部发展空间

要有效协调和组织优化三类用地空间，即生产空间、生活空间和生态空间。在空间上落实用途管制，促进节约集约，这是用途管制制度在空间上的体现。要引导建设美好家园，构建环境友好、景观优美、生态和谐的城乡宜居环境。其实美好家园这个指标并不抽象，也不复杂，就是环境友好、生态和谐及景观优美。大家现在都不太说景观，实际景观优美非常重要。像我们到欧洲去看，感觉德国不错，其实就是景观优美。非常值得高兴的是，北京最近已经开始在做这方面的工作，比如说海淀区后山地区的建设，已经开始有了一个景观控制的规划。

要形成"一心或多心、多核"的城市组团。即以大面积的耕地、水面、林带等绿色和生态空间穿插、隔离城市空间，形成城市组团，形成大中小城市协调配套的城镇体系，形成"一主多辅"类似太阳系的布局，或是"双星环绕、多星同辉"的布局。为避免城市生态环境的进一步恶化，要鼓励保护耕地及生态用地，可将城内连片、大面积的农地、基本农田、水面、

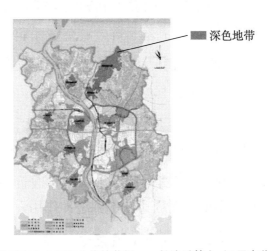

图6　扣除城市中水面和山体的范例——长沙岳麓山（6平方公里）

山体等非建设用地保留，并从城镇建设用地总规模中给予扣除。这部分地虽然在城市中间，但是它不属于建设用地。这样做的效果，实际上把城市疏解开来。由于这部分不算建设用地，那就可以不建东西了，就可以把它留住。这个政策已经成为土地利用总体规划编制的一个规则，在规划中和政策中都有，各地的国土部门都知道应用。

例如，长沙的岳麓山是我们最早做的一个案例，是很成功的。当时徐主任还在湖南的时候就做成了。长沙的岳麓山地区当时有 6 平方公里，就是图上方偏右的深色地带，在城市土地规划中把这 6 个平方公里扣除，再加上城市的水体，这部分都不算城市建设用地面积。

图 7 扣除城市中水面和山体的范例——杭州西湖（20 平方公里）

杭州西湖是另一个成功的范例。当时我们和建设部共同商量，这 6 平方公里的水面不算建设用地面积。浙江的同志比较聪明，说不仅 6 平方公里，还有 14 平方公里，是周围的山地，它跟西湖是一体的，而且也严格控制不建设。我们觉得有道理，

于是就确定为 20 平方公里，所以这个规划后来批准了，有案可查，是非常清晰的。建设部批准的范围是 400 平方公里，我们国土部批准的建设用地是 380 平方公里，中间差 20 平方公里，这 20 平方公里就在市区内部，不属于建设用地。

要发挥耕地的生产、生态多重功能。耕地具有生产、生态等多重功能，不仅是重要的生产空间，而且是建设优美家园不可或缺的重要要素，可以有效增加生态用地面积，所以我们在保护耕地的同时还要有效发挥耕地的生态功能。保护耕地还可以彰显耕地的景观功能，以具有生态功能的农田在城市中形成"绿芯、绿带"，形成强烈的景观效能。耕地与建设用地穿插分布，可以构建"环境友好、景观优美、生态和谐"的具有田园风光的城乡宜居环境。这种规划在欧洲，在世界其他地方，我们都看到了成功的经验。我们在国内的土地利用总体规划中也对这个工作进行了推动。

（三）设定扩展极限，强化城镇建设范围控制

什么是合理的城市规模？国内外的说法很多，不尽相同。有的美国学者认为 3 万人的城镇是适合人口尺度的自然规模。达到 25 万人时，人们开始享受"大城市"的好处。在国内，我们认为一个独立的新城市的合理规模应为 25 万～200 万人，以80 万～120 万人为最好。当然各方面都在研究，我们也是采用专家和各方面研究的结果，80 万～120 万人不一定是最后的定论。但是这样规模的城市基础设施好利用，比较好管理，交通也好组织。所以我们提出来，要设定扩展的极限来强化城镇建

设的范围控制。

1. 划定城、镇、村建设的扩展边界

城乡建设用地规模边界之内是城乡建设用地的规模范围，而城乡建设用地扩展边界是指城乡建设用地的扩展极限，两条边界之间是有条件建设区，是城、镇、村用地范围的变形区域，是与城乡建设用地增减挂钩的管制预留空间。我们划定城、镇、村的建设扩展边界，就是要限制它的规模，要把规模控制在合理的范围内，使得城镇在发展过程中，空间布局能够得到优化。

概括地说，我们划定了"三界四区"。我用图来表达，这样可能要清晰一些。最外面的一个大圈是一个城市管辖范围的边界。中心的那个小圈包括原来的城市，加上在这一个规划周期中需要建设的城市，这个圈我们就叫它规模边界。根据经济社会发展和城镇化的需要，我们设定了这个规模边界。有了这个规模边界，是不是就行了呢？按理说就够了，这个周期中就发展这么多，根据城市化率和经济社会发展的需要，这个可以算出来，人均用地是多少等，这些都可以算出来，应该用这么多地就够了。规模边界里面是第一个区，叫做允许建设区。但是从现在城市发展布局的角度，还是应该有个扩展的边界。这个扩展边界就是规模边界外边的这个中圈。这个扩展边界是城市发展的极限，是最终发展边界，再扩张也不能超出这个范围。在不少国家都有这样的划法，比如说美国的波特兰市就这样划，俄亥俄州也是这样。扩展边界的里边就叫做有条件建设区，不能随便建设，要有条件才能建设。扩展边界的外面是广大的乡村地区，这里设立了限制建设区，毕竟还有村庄等，不是说不能建设，但是要受到严格限制，其余地方的生态区，是禁止建设区，不能建设。这样就叫做"三界四区"。

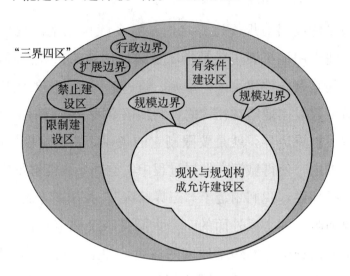

图8　"三界四区"图

2. 以扩展边界遏制城镇"摊大饼"发展

由于要求每个城、镇、村都划定发展用地的空间范围，并在城镇外布设基本农田、绿地、水面相间隔，有效防止了城镇平铺外延、村镇"贴边"建设和整体"摊大饼"式发展。在鼓励城乡互动发展的过程中，要逐步引导形成"一核多中心"的城市发展模式。以一个核心城市组团带动周边多个小城镇的发展，既发挥大城市的强大带动力，又以小城镇的低成本和人文优势，使农民顺利进城，防止"大城市病"。

3. 可以为城镇发展留下弹性的空间

允许建成区的位置和形状可以有所改变，比如说原来的规划城区是方形的，可是经过一段时间的发展，觉得应该有所调整，现有的边界实在是不太对，也可以根据实际需求有所调整。这并不是说规划制订下来以后，可以随意地频频进行调整，但也不是说一旦制订下来，谁也不许动。我们现在还没那么神仙，还没有到达一旦做完规划就可以 10 年不动的程度，还没有成功的案例。有些人确实说过，我们制订的这个规划 50 年不过期，50 年不用动，实际上没有这种可能。

但这种调整该怎么样去进行呢？应该是局部的。规划形状和位置的调整是可以考虑的，在等面积的范围内进行空间的变换，这是完全没有问题的。但必须注意，不要超规模，规模还

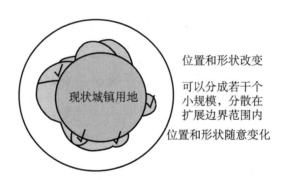

图 9　按城镇发展规律限定范围，预留弹性空间

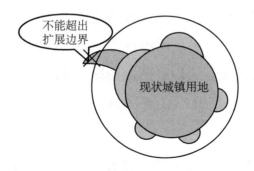

图 10　调整不能超出扩展边界

是确定的。在保持规模不变的前提下，可以一对一的置换，也可以进行一对多或多对一的置换，这些事可以灵活考虑。这些调整符合发展的客观规律，所以是可以的。

（四）按城乡统筹发展优化建设用地布局

要按城乡统筹的要求优化用地布局，加强城乡用地互动，实现城乡一体化发展。要调整、整治、重新安排城乡建设用地和其他用地布局，保持和扩大绿色空间，形成并修复自然、地理和人文景观风貌，构建并重塑人与自然和谐相处的人居环境。要分阶段盘活城镇闲置地、空闲地，尽快完成对所有空闲地，以及闲置地的再利用，特别是对已经闲置 2 年以上的土地要进行盘整。创造新政策、新措施，系统整治农村低效利用和空闲的建设用地。防止农村建设用地的无序蔓延，提高农村建设用地利用水平。

1. 目前"城进村难退"，村居腾退难度大

在农村人口向城市转移过程中，理应伴随的农村居民点用地减少的现象并没出现。农村人口不断减少，村庄用地却出现了上升势头。农村居民点用地在 1996 年到 2003 年的 7 年内增加了 25.07 万公顷，人均居民点用地由 1996 年的 193.42 平方米上升到 2003 年的 217.41 平方米，增加了 23.99 平方米，增幅达 12.4%。

2. 村居用地效率低，集约潜力大

改革开放以来，农村居住条件改善很大。由于长期规划滞

后，自然村的布局零星而分散，功能布局混乱，居民点以分散式或独立式为主。旧宅基地占地多，一户多宅、空关房、"空心村"现象普遍存在。农村居民点的废弃、空闲地较多，村庄中猪舍、牛棚、粪缸、废弃晒场等占地面积过大，实际居住用地比例较低。发展城镇的过程使农村建设用地具备了相应减少的基础，因此保护耕地在农村拥有更多的潜在空间。

3. 统筹城乡格局，促进城乡用地结构优化

要顺应城镇化发展趋势，建立与人口城镇化进程相匹配的城乡用地协调互动机制，促进城乡用地结构不断优化。随着城镇化和农业现代化的不断推进，农业人口向城镇转移，城镇建设用地增加和农村建设用地减少是一个必然趋势。在这个进程中，逐步释放农村的闲置建设用地空间，可以有效缓解建设空间不足的问题。城乡建设用地的布局调整和结构优化，应按照城镇化发展的一般规律，结合新农村建设和农业现代化发展的要求，充分考虑农民生活、农业生产、传统村落风貌保护等方面的需要，循序渐进，稳步推进。

（五）优化城乡土地利用的政策工具——建设用地增减挂钩，促进城乡统筹发展

目前社会各方都在关注增减挂钩。城乡建设用地增减挂钩是指依据土地利用总体规划，将若干拟整理复垦为耕地的农村建设用地地块（拆旧地块）和拟用于城镇建设的地块（建新地块）共同组成建新拆旧项目区，通过建新拆旧和土地整理复垦

等措施，在保证项目区内各类土地面积平衡的基础上，最终实现增加耕地有效面积、提高耕地质量、节约集约利用建设用地、城乡用地布局更合理的目标。也就是说，将农村建设用地与城镇建设用地直接挂钩，若农村减少建设用地、整理复垦并增加了耕地，城镇可对应增加使用相应面积的建设用地。抽象一点讲，增减挂钩是一种建设用地的整理活动，是在城乡用地增减挂钩的项目区内封闭运行的、具体的城乡统筹建设。它结合农地整理进行，形成有利于集中农村现有建设资金的统一工作平台，真正实行城乡统筹建设。

1. 增减挂钩优化布局，促进城乡统筹发展

城乡建设用地增减挂钩的核心内涵包括以下几点内容。一是依据土地利用总体规划和建新拆旧规划进行的土地整理工作；二是在由若干拟复垦为耕地的农村建设用地地块和拟用于城镇建设的地块共同组成的建新拆旧项目区内进行的；三是以项目区内的城镇与农村建设用地增减平衡为原则，进行建新拆旧和土地复垦；四是项目区内建设用地总量不增加，耕地面积不减少、质量不降低，用地布局要更为合理。简单地说，它实际上就是一个建设用地的整理活动，它不是为了造耕地去的。下图是我去做过调查的成都市郫县唐元镇的一个土地整理项目区。

图中灰色的、零散的地方是老的建设用地。深色的是新的建设用地。他们把这个区域内老的建设用地拆了，新建的集中成几块。他们有一个形象的说法，叫做众星捧月。而零零星星

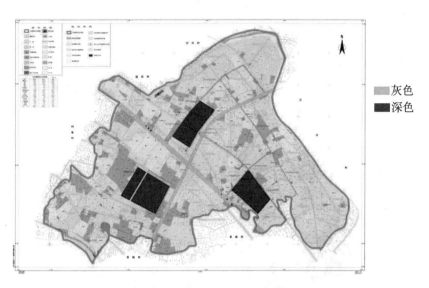

灰色
深色

图 11 郫县唐元镇长林土地整理项目范围规划图

147

的建设用地都拆掉了,复垦成农田。这样的话,可以集中大片
土地来用。所以这个过程是一个集聚的过程。

下面是浙江义乌一个叫做活鱼塘村的增减挂钩规划示意图。
图中左部灰色的几大块是增减挂钩以后新的建设用地。它为什
么往上边靠呢,因为再往上是城镇,离得近些。下面的都是农
田和林地等,原来是零散分布的,现在统统集中起来了。

148

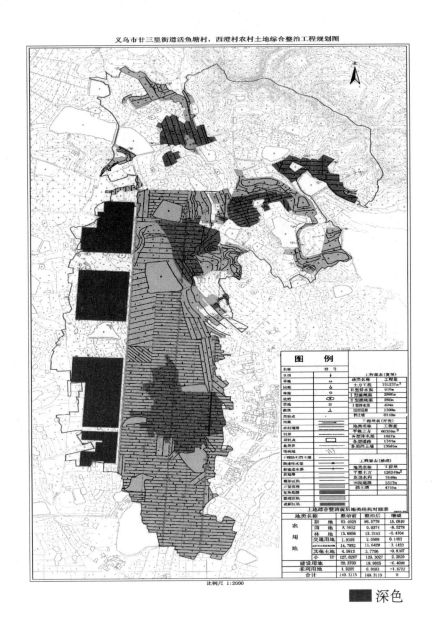

图 12　义乌市活鱼塘村增减挂钩规划图

表6　义乌市活鱼塘村增减挂钩平衡表　　（单位：公顷）

地类名称		整治前	整治后	增减
农用地	耕地	83.492 9	98.577 8	15.084 9
	园地	8.565 2	0.037 4	−8.527 8
	林地	13.685 6	13.215 2	−0.470 4
	交通用地	1.910 5	2.058 8	0.148 3
	水利及水利设施用地	14.785 2	11.642 9	−3.142 3
	其他土地	4.581 3	3.770 6	−0.810 7
	小计	127.020 7	129.302 7	2.282 0
建设用地		20.370 3	19.960 5	−0.409 8
未利用地		1.920 5	0.048 3	−1.872 2
合计		149.311 5	149.311 5	0

　　在这里特别提醒大家可以看看这张表，这是个平衡表。每个增减挂钩区域都有这样一份平衡表。我们先看建设用地，整治前是20公顷。整治后是接近20公顷，稍稍减少一点，减少得不多，基本一样。耕地有所增加，但是等一下我会说，耕地增加是好事，但是还要辩证地来看。经过整治以后，这个地方的土地面积是不变的，可结构变了，布局变了，其他不变。

　　增减挂钩管理的关键点。增减挂钩要做的有三个关键点。第一个是要有规划，要有一个好的规划；第二个是要有一个好的项目区，因为增减要在项目区内进行平衡；第三个是要有一个周转指标进行规模控制。

　　开展增减挂钩周转试点的条件和时机。开展挂钩周转试点要注重城乡统筹建设，兼顾社会经济的一体化。它不仅仅是城镇以钱换地，也不仅仅是农村、农民以地换钱。试点地区必须处于特定的发展阶段，而且必须具备以下条件。一是政府组织能力强；二是部门协同合作好；三是成本收益和资金能够平衡，经济上具有可行性；四是农民全体同意，并能享受增值收益，生活水平会相应提高。另外，挂钩周转的试点尽量在城郊地区多开展，而远郊地区少开展为宜。

2. 增减挂钩的意义和作用

可以有效配合城乡统筹和新城镇、新农村建设。第一，这是一个资源再配置的过程，解决了地从哪儿来，人到哪儿去的问题。第二，用土地经济的杠杆解决了城乡共享繁荣的经济分配问题，目前还没有其他手段能够代替。第三，能够异地建设，疏减密度，提升村庄的建设水平。第四，解决了社会资金投入新农村建设的载体和平台问题。

可以有效优化城乡用地的结构和布局。增减挂钩促进了乡村的重新合理布局和集中建设，消除了过时的、散乱差的乡村用地形式，促进了组团式的城镇建设布局，并形成了更为合理的城乡用地比例。

可以有效节地——在周转、流动中集约用地。挂钩周转结束时，建设用地总量和耕地总量要做到无增减，而用地布局、密度和比例更合理，人均用地水平提高，在流动中完成节约集约用地。同时从新、旧两方面，双倍实现集约用地，以循环、周转的方式持续实现集约用地。

可以有效为经济发展提供更大的土地战略空间。"借地发展"扩大了经济建设的空间，增加了经济运行中回旋的战略纵深。建设、拆迁和复垦同时加大了城乡经济建设的总规模，拉动了投资。城镇获得了提前用地的时序和用地的新空间；而农村释放了闲置土地资源，农民和集体提前获得了未来的土地增值收益。先建新、后拆旧的运作模式也提高了城乡社会的稳定和社会安全水平。

可以有效作为实施规划和国土整治的政策工具。之所以说增减挂钩是实施规划和国土整治的最佳政策工具，主要是因为：一是汇集了实施规划的社会动力；二是可以按国土整治原则引导城乡布局调整；三是以工程方式运行，使国土整治有了工程载体；四是可采用各种模式组织实施规划；五是构建了可以运用新机制，并能够引入各类资金的投资平台。

增减挂钩周转的试点工作，国土资源部从 2005 年就开始做了。目前在城乡统筹用地和建设中，这是唯一的土地政策工具，没有任何一个工具能够跟它并列，或者能够替代它。我们也曾经想过，社会方面有争议，能不能这个事情就不做了。对这个提法我们也很犹豫，最开始就叫增减挂钩，有时又叫土地整治。其实这个工具的目的就是瞄着建设用地去的，就是建设用地增减挂钩。后来方方面面的说法很多，说能不能不这么说了，或者少说一些，甚至建议把它取消了。但是随着试点的进行，我们发现在城乡统筹发展和建设中，这样一个政策工具，还没有其他的替代物，所以现在还只能用它。这里要特别说一下的是，它用于推动小城镇发展，作用非常好。另外，它也为城乡互动预留了发展空间，这个空间主要是把拆旧建新用于有条件建设区。

3. 增减挂钩优先推动小城镇和产业集聚建设

增减挂钩能有效腾退村庄建设用地并重新布局。这些地优先用于农村公益设施、基础设施建设，以改善农村生产和生活条件，建设新农村；重点用于小城镇和产业集聚建设，就地推

151

动工业化、城镇化。同时，我们要保持原农村地区的城乡建设用地基本稳定。

增减挂钩为城乡互动预留发展空间。目前城镇发展用地规划是按城镇化率2020年为58％设定的。如果发展提速，城镇用地规模就要增加，空间范围就要改变。目前在城乡互动发展中，约有10％的农村建设用地纳入城镇，变为城镇建设用地。如果城乡挂钩加大规模，城镇用地规模就要增加，空间范围就要改变。

防范增减挂钩偏离城乡统筹方向。我们一定要防范在实施增减挂钩中偏离城乡统筹的方针和大方向，国家对这一点非常重视。温总理专门指出，"要注重土地整治的实际效果，防止以土地整治为名，违规扩大建设用地"。我们的徐部长①也特别强调，"要防范'农村缺钱'和'城市缺地'的一拍即合导致农村土地大量流向城市的现象"。

4. 对增减挂钩政策中若干问题的认识

关于土地面积和价格问题。政府运用增减挂钩政策通过对项目区内的土地调整，实现了区位的空间转换，盘活了农村的建设用地，提前释放了农村中的闲置土地资产，有利于城乡统筹发展，实现了双赢。在这一过程中，以低价地换取高价地，需要按照等价交换、面积折抵的原则进行。另外，如果现在就使用未来的资产收益，那就要按贴现的方法进行计算。这些都是符合市场规律和经济学原理的。按照以上原则进行的增减挂

---

① 指国土资源部部长徐绍史。

钩，根本不存在对农民的不公正和对农民的盘剥问题。

关于建设用地和指标问题。有人说增减挂钩是不是把建设用地都弄到城市去了，这种认识是不对的。农村节余的建设用地原则只能用于规划的城镇允许建设区，这里本来就是规划的建设用地，无非现在没有指标，增减挂钩以后就有了指标。这一区域的建设用地是规划中已经确定的，节余建设用地在此转化成建设用地指标，使城市获得了提前用地的机会，所以只有指标收益的返还，没有土地收益的返还。

关于用地和发展后劲的问题。有一部分学者说，实施增减挂钩以后，农村的建设用地就少了，以后就没有发展后劲了。这些看法从静态看不能说不对。不过，从动态看，特别从规划编制的专业角度看是不够全面的。现在农村的建设用地是减少了，但这种减少只是本规划期内暂时的，是现阶段不需要的。它变成了指标，暂时拿到城镇里去用，拿到别的地方去用。随着经济的发展，在下一轮规划的时候，如果这个地方发展了，需要这些建设用地，有关部门在做规划的时候，一定会赋予这个地方相应的土地规模，并不因增减挂钩而减少，而且完全免费，完全不会影响它的发展后劲。这就是规划的特点，现在没有需要，规划是不会设置的，当需要时、符合条件时会给你的。所以说，实际上是我们用了一个土地工具，很巧妙地把资金，还有其他的投入都挪到农村去了，是悄悄地挪过去了，这种符合经济规律的事，我们当然支持。

关于增加耕地和禁止节余指标出境的问题。现在很多人都提到地类变换的问题，能不能在农村多搞点耕地，以保护农村

153

的发展前景。另外，还有增减挂钩节余指标能不能跨县市调剂的问题。我们现在总是站在政府的角度，站在城里人的角度去看这个问题，我觉得这样的立场角度有点问题，这个问题能不能换个角度来说，转换一下，从农民的角度去考虑。从农民的利益出发，也就是从农民土地利益最大化的角度出发，我们就应该让农民把这些节余的用地继续维持作为建设用地，而不是变为耕地，以最大限度地体现原有的土地价值。保护耕地是国家和政府的目标和责任，这个责任不应该让农民单独去承担。对农民来说，本来就是自己的建设用地，现在说，腾出来的地都变成耕地，有利于种粮食，可以增加收入。但是不要忘记在这个过程中，它从高价土地变成了低价土地。谁受损失？是农民损失。现在实施增减挂钩，对农民来说最大的好处就是节约出来的建设用地都卖了钱，就有了发展资金，或者用来搞自己的工业，使农民有了更大的发展机会。所以，从农民的角度看，从保护农民利益的角度看，这部分建设用地仍然维持为建设用地，比把它转做耕地更好。

还有节余指标的问题。我们2005年的文件中明确规定，项目区的设置不能跨县，也即节余的指标不能出县。之所以这样规定，是因为2005年当时试点刚刚开始，大家心里都没底，怕出错。到了现在，随着经济社会的发展，我们对这个问题有了新的看法，就是怎么样让农民用最少的土地去换取更多的钱，得到更多的发展资金和机会，所以部分节余指标或土地应允许在市、省内，甚至在全国市场调剂。

我给大家看一个图，这是汶川灾后重建的一个典范。那里叫做向峨乡，也是国土部门负责重建的，用增减挂钩的政策全部建起来，农民没花一分钱，国家补助每一户两万元，其他的钱都来自土地。我专门找了一张照片，觉得这张照片很能说明问题。国家当时每户就补助了两万元，凭这些钱是盖不起这样的房子的，就是用增减挂钩政策做起来的。

图13　建设用地增减挂钩的范例——都江堰向峨乡

5. 从项目区严格管理到探索节余指标流转（成都的试验）

我们对增减挂钩政策做过两个试验，一个在成都，另一个在重庆。成都试验的想法是项目区内拆旧复耕面积大于新建占耕面积的，可作为城乡建设用地增减挂钩的节余指标。这个节余指标可以在试验范围内流动，分为两个阶段。第一阶段是节余指标原则在县域内限额调剂使用，跨县节余指标由区县政府调剂，按投入和支出的成本进行核定、议价；第二阶段是节余指标与土地供应挂钩，节余指标提供者跨县在市一级的土地市场转让，获得土地后，需要有等量的节余指标才能用地，这样

可以让农村用尽可能少的节余土地换取尽可能多的发展资金。

6. 增减挂钩的另一种探索形态——地票交易（重庆的试验）

我们在重庆也做了一个试验，就是地票。它没有项目区的概念，是把农村地区拆旧复耕的面积直接转换、核定为地票，拿到土地交易所交易，去掉成本以后，盈利部分的85％归个人，现在来看一亩宅基地可以拿到10万元。这是一种社会投资参与、政府监管、市场运作的新型模式，使远郊地区农民的宅基地用益物权转变为发展资金，有了新的进城途径。在土地市场内交易，获得地票者有权选取等面积的建设地块，经"招拍挂"后进行开发。地票同时可以冲抵有关用地的费用。

目前，从增减挂钩的三种形式，即项目区管理、节余指标流转和地票管理，综合来看，项目区管理是最固定的办法，是主流的做法；重庆的地票管理是最活的办法；而成都的节余指标管理在中间，介于两者之间。山东和安徽的部分地方也在做地票的试验，浙江也在做节余指标的试验。到目前为止，国家还是希望这些试验慎重一点，地票规模要控制在当年新增建设用地数量的10％左右，不能再高了。

三、城镇化进程中的节约集约用地问题

（一）城镇化中土地资源被过度消耗

1. 城镇外延扩张造成稀缺土地过量消耗

伴随城镇化进程加快，我国城镇用地迅猛增长。1990年至

2010 年城市建成区面积增加了 2.5 万平方公里以上。城镇化加速阶段，除正常城镇用地外，也出现了过于追求城市形象的建设问题，如大广场、宽马路、大办公楼等，超占、浪费了大量土地。注重城市规模扩张，而忽视吸纳人口的功能，使土地城镇化速度远快于人口城镇化的速度，两者之比大大高于1：1.23 的正常水平。这些做法难以形成集聚效应，降低了土地的集约利用水平。

2. 城镇工业用地占比过高，利用效率偏低

城市内工业用地面积占比过高，一般在 25% 以上，有些甚至超过 35%，远高于国外 15% 的正常水平。我国工矿仓储用地占建设用地供应的比重过高，多年连续超过 40%。全国工业项目用地的容积率仅为 0.3 至 0.6，而发达国家和地区一般在 1.0 以上，说明我们的利用效率偏低。另外，随着产业转移和区域发展战略的实施，中西部地区的工业化正在加速，但是其复制东部地区早期产业用地模式的特征也十分明显。

3. 农村建设用地占比大，存在大量闲置和粗放利用的现象

由于农民工在城市定居难，造成了"被两栖"的生活方式。这种方式需要在城乡同时安排用地，使村庄与城市"双扩"占地的局面得不到改变。2010 年，农村居民点用地接近 17 万平方公里，是同期城镇建设用地的近 4 倍。随着农村劳动力大量外出和农村人口的净减少，农村"空心化"和住房闲置现象也较普遍。目前我国城镇化推进和节约用地相协调的良性机制尚未形成。现在，我国的闲置低效用地量大面广，有待盘活。其

157

中，存量建设用地规模较大，现有城乡建设用地 5.21 万公顷，合 3.6 亿亩，约为每年新增用地 600 万亩规模的 60 倍。截至 2012 年 8 月 31 日，全国共有闲置土地 1.27 万宗，95 万亩，而用地紧张的东部地区分别占 49.3％和 42.6％。其中，闲置 2 年以上的占 57.3％。

(二) 单位土地承载的经济总量不高

1. 国土经济密度远低于发达国家

国土经济密度是指每平方公里土地上承载的 GDP。中国与美国的陆地疆域面积大体相当，目前中国的经济总量和国土经济密度约为美国的 1/4 到 1/5。韩国国土面积 9.9 万平方公里，与江苏、浙江的面积相当，但其国土经济密度 2.8 倍于江苏，4 倍于浙江。与经济发达的小国相比，我国国土经济密度的差距更大。

2. 城镇工业用地投入产出效率差

仅以中心城市的工业产值比较，浙江杭州 2002 年为每平方公里 2.73 亿元，日本横滨 1980 年为每平方公里 42.91 亿元，美国纽约 1988 年为每平方公里 52.37 亿元。这个比较虽未扣除经济发展水平、发展阶段和汇率变化的影响，但仍可以说明我国的土地集约利用水平与发达国家相比，有着非常明显的差距。

同样，北京的工业用地效率也远低于东京。以 2003 年的数据为例，北京每公顷工业用地创造的增加值为 317.3 万元，仅相当于东京历年平均水平的 5.4％；每公顷工业用地的从业人数为 20 人左右，只相当于东京历年平均水平的 11.8%。若以东京为标准，根据东京的相关数据，采用功效函数测算北京的用地水平，结果表明北京市城八区的工业用地水平仅仅相当于东京的 5.797%，二者的差距惊人。

（三）现行城镇化进程依赖土地的程度过高

1. 传统经济增长强烈依赖土地要素供给

土地需求是由经济发展的需求派生的，是一种引致需求。与传统的发展方式对应，在经济快速发展阶段，经济增长是以要素的高投入和资源的高消耗来保障的。土地的宽供应和高耗费保证了高投资，压低地价的低成本供地保障了高出口，以土地招商引资推进了高速工业化，而土地资本化又助推了快速城镇化。我国在过去 30 多年间，由于有巨量农村富余劳动力作为蓄水池，保证了低成本的劳动力投入，服务于以投入为主的经济增长方式，土地尽管面临稀缺性制约，仍不得已采取宽松供应的方式。

2. 城镇建设过分依托以土地为杠杆的金融运作

现有的城镇建设方式以"土地—财政—金融"联动机制为支撑，在运转中财政是动力。"吃饭靠财政，建设靠土地。"各地土地出让收入大幅增长，形成土地财政效应，也对土地征用、开发和出让产生了很强的激励作用。金融是工具。城市建设需要巨额资金，金融是不可或缺的工具。近年来，各级政府的城市建设资金主要来源于银行信贷。土地是杠杆。土地是地方各

级政府向商业银行借贷的基础。政府的资本金主要来自于土地出让收益，部分来自于财政收支盈余。在政府的资产抵押中，土地是最可靠、最可预期的抵押品。

这种"土地—财政—金融"的联动机制带来了正负两方面的结果。好处是促进了经济的高增长和城镇化进程，增加了地方财政收入，造就了繁荣。弊端是引发多征、多占、多卖地的冲动，不断冲击耕地红线，导致土地浪费，引发了不节约、不集约利用和资源环境的诸多问题，从而加大了宏观调控的难度，影响了经济运行，进而引发财政风险和金融风险。

我们尚未到达后工业化时代，却已提前预支了那个时代的土地资源。我们必须清醒地认识到，以大量开发建设用地、消耗绿色土地空间的建设方式，其资源前景极不乐观。

（四）在城镇化中率先节约集约用地

城镇化具有促进土地集约利用的天然倾向，随着集聚程度的提高，人均建设用地呈递减趋势。经过多年发展，我国经济综合实力全面提升，科技创新能力不断加强，为实施城镇土地节约集约利用战略奠定了坚实的基础。我们要在资源约束下来推进新型工业化、城镇化，引领新的生产方式和生活方式，以用地安排来引导空间布局，规划和建设美好家园。

1. 实施节约集约国家战略，促进合理用地

2008年初《国务院关于促进节约集约用地的通知》下发。党的十七届三中全会《决定》和"十二五"规划纲要都对建立最严格的节约用地制度、实施节约优先战略提出了新的要求。

从我国国土开发空间不足的现实国情和工业化、城镇化快速发展的大背景来看，节约集约用地、建设节地型社会是未来我国加强土地管理的根本任务，在城镇化过程中，必须全面落实节约优先战略，推进节地型社会建设。为实现这个战略，我们要做到"四个坚持"，即坚持各类建设不新占地、少占地或少占耕地，以较少的土地消耗支撑更大规模的经济活动和经济高增长；坚持各类土地利用的合理布局和结构优化，促进区域、城乡、城镇和乡村内部，以及产业协调发展；坚持经济效益、社会效益和生态效益的协调统一，达到单位土地承载能力和产出率高的目标；坚持当前用地和长远用地相结合，不靠透支子孙后代的土地资源谋发展，保持土地资源代际公平和永续利用。

土地节约集约利用战略应在坚持最严格的耕地保护制度的前提下，实行最严格的节约用地制度，全面加强土地资源的节约利用和保护，促进经济发展方式转变，走出一条耗地少、结构优、效率高、可持续的土地资源利用新路子。土地节约集约利用战略包括以下三个方面：

总量调控和规模导向战略。我们要实行用地规模总量控制，按照"控制总量、保持流量、减少增量、盘活存量"的方针，严控建设用地规模，降低新增建设用地增幅，盘整存量建设用地，使全民在有限的土地上精打细算、合理使用，使土地节约集约利用水平迅速提高。

空间引导和布局优化战略。有序的土地利用空间格局具有更大的集约度和承载力，优化和调整土地空间布局、提高利用效率是最大的节约集约。加强城乡用地布局互动，保持和扩大

绿色空间，可以有效促进形成节约集约宜居城市，有利于建设环境友好、景观优美的美好家园。

综合整治和再利用战略。要做好整治、复垦、调整耕地、建设用地和其他用地的工作；创新机制和政策措施，更新城镇用地，系统整治农村低效利用地和空闲地，尽快完成对低效用地的再利用；修复自然、地理、人文景观风貌，构建、重塑人与自然和谐相处的人居环境，提高城乡集约用地水平。

2. 采取推进土地节约集约利用的措施

节约集约用地是一项综合性的系统工程，要从节地机制、节地标准、节地模式、节地技术和评价体系等多个方面入手，统筹考虑和推进。

采取"三线两界一评价"措施，实施总量控制，优化结构，提升用地效率。发挥规划的整体管控作用，设立耕地保有量、基本农田保护面积和建设用地总量的"三条红线"，管住用地总量；划定基本农田保护区边界和城镇、村庄发展控制边界，强化土地利用空间管制，管住用地结构和布局；建立土地节约集约利用评价考核体系，建立节地评价制度，完善节约集约用地标准，建立健全土地利用效率监管和控制体系。

完善土地节约集约利用模式，推动节地技术创新。推行立体开发、复合利用、循环利用、劣地优用等节地模式，促进城镇地上地下空间的开发利用，加快城镇改造，鼓励企业实施用地增容改造，推进废弃土地、荒山荒坡等的开发利用。加快节地技术创新，开展交通、水利等大型工程建设节地技术研发，推进节能省地型住宅及地下空间的开发利用等新技术，加快工矿废弃土地、污染土地、盐碱土地治理和修复技术的创新。

健全土地节约集约利用激励机制，不断提高土地利用整体效益。综合运用财政、金融、税收、价格等政策工具和经济手段，促进土地使用主体珍惜土地，主动采用节地新技术，转变土地利用方式，抑制土地利用中粗放浪费现象，改变不合理的消费需求。设立国家土地资源节约集约利用技术创新奖励基金，以激发全社会节约集约用地。

3. 促进各类土地复合利用，提高综合利用效率

土地具有生产、生活、生态等多样性功能。我们要充分发挥土地的多样性功能，促进不同功能的相互协调，有利于实现土地的复合利用，提高土地利用效率。推进建设用地的多功能复合利用，大型区域基础设施建设应推行多设施共用通道的方式，区域和城市的重要交通枢纽、节点及其周边地区的土地利用应推行综合性立体化交通换乘中心、多功能经济活动中心及配套设施建设模式。城市土地开发应注重就业与居住相协调，推行公共交通导向的土地开发利用模式。土地，特别是耕地，不仅具有生产属性，还具有生态功能，在调节气候、净化美化环境、维持生物多样性、涵养水源、固碳等方面发挥着重要的作用。因此，城市建设规划布局应充分考虑耕地的生态功能，发挥耕地作为城市"绿心"、"绿带"的功能，做到耕地生态系统与城市建设有机结合。在生态建设与维护方面，应统筹耕地保护与生态退耕的关系，合理确定不同区域的退耕规模，确保耕地红线不突破。

163

（五）一种节地型城市建造模式的简介

集约节约用地除了一般的手段以外，从目前来看新东西还不多。所以我这里选了一个新东西，但这个模式还没有经过系统论证和充分检验，不一定对，还存在争议。一些专家和单位对这个模式有不同看法，他们认为这没有什么新鲜的内容，有点像造船。船就是一个很好的人工体系，经过长时间的不断改进，设计很合理，结构很规范，但是人不可能永远住在船上，还是要住在陆地上。所以认为这种建造模式是在造一条船，不是特别实用。目前对于这个模式，有关部门和我们还都在研究，我在这里不带个人色彩地给大家介绍一下。

这个模式的提出者是深圳维时建筑与城市研究中心的董国良，当时论文的题目叫做"建设节地型城市是城市和谐发展的必由之路"。他认为现在的城市是滞胀的城市，所谓滞，是指拥堵、拥挤、混杂；所谓胀，是指滞造成市区严重蔓延，用地过多。出路是建设节地型城市，以消除产生滞胀的内在动力机制。

1. 现行城市模式面临的六个瓶颈

（1）市区面积约按"汽车保有量×500平方米"的规律蔓延，汽车完全普及后人均建设用地将浪费90%，今后更将无地可用，使房价更难以平抑。

① 蔓延使城建投资增加5倍，必须靠土地财政，房奴将背负巨额城建投资。

② 汽车保有量仅为饱和水平的1/4，深圳150万辆车争抢70万个车位，停车难已无法解决。如果采用JD模式，深圳将

可建 1200 万个车位。

③ 交通资源浪费了 80％，利用率仅 20％，拥堵只会日趋严重。

④ 从汽车出现至汽车完全普及，汽车的车均能耗和碳排放均增加 10 倍。

⑤ 出行时间每天浪费 2 小时以上，市民将世世代代奔波劳苦。

现在确实有统计，我国大城市中每天出行在路上要花一个小时以上的，有广州、上海、北京。其中以北京最严重，北京是两个多小时，也就是说我们每天有两个多小时要花在路上，这样的生活应该是很不舒适的。

图 14　在深圳 150 万辆车争抢 70 个停车位（2010 年 4 月 12 日深圳晶报刊载）

2. 现行城市模式产生严重城市病

现在发达国家的大城市尚能勉强运转，因为它们能够提供人均 300 平方米的城市建设用地，例如英国 25 个城市平均为人均 366 平方米，巴黎周边 5 个城市平均为 500 平方米，美国则高达 1 000 平方米。而中国平均只能提供 70 平方米的人均建设用地，城市发展很快会进入步履维艰的状态。目前我们面临的困难是难以逾越的。千万不要认为发达国家能过得去，我们也能过得去，差别之处在于人家有地，我们没地。

现在的城市建设产生了严重的城市病。国外由于有地，所以好一些，中国没有这么多地，因此过不下去。我这里说一下，关于国外的人均建设用地，现在有好多引用的城市数字是不正确的，认为我国的人均用地超过发达国家，其实他这里引用的数字基本是正确的，美国和欧洲城市的人均用地都比我们用得多，我们比大多数发达国家用地用得都少。我不知道那些数字是谁统计的，说发达国家人均用地 86 平方米，发展中国家平均只有 82 平方米，而我们现在用了 100 多平方米，所以我们都比他们高。大家到过那么多国家，都是有感性认识的，不用数字说明也知道，我国的用地肯定不在最浪费之列，不过也肯定不在最集约之列。

3. 寻找城市新模式是世界性的百年难题

实际上，1933 年世界性的《雅典宪章》就提出了要寻找城市的新模式，但长期未果。到了 20 世纪 90 年代，欧共体专家惊呼"正是目前的城市是不可持续发展的元凶"。2000 年 100 多个国家的代表参加了未来城市大会,发表了《柏林宣言》,认定"全世界的城市没有一个真正做到可持续发展"。我们至今仍未找到城市新模式。上海世博会前夕,国际展览局主席呼吁"我们不能闭上眼睛,现在别无选择,必须创造出一种新型城市模式,这是上海世博会的使命之一"。

4. 节地(JD)城市模式结构四要素

第一,地面道路全部供汽车行驶,交叉路口设简单立交桥,使汽车连续行驶,完全消除交通拥堵并形成全面的快速公交。

第二,地面道路两旁建地面停车库,停车位数量至少增加 10 倍,完全消除停车困难。

第三,地面停车库的屋顶之间用盖板相连,形成大面积架空平台,其上布置花园和四通八达的步行和自行车道路网,作为市民的户外活动空间,既看不到汽车也听不到汽车噪音,并杜绝汽车撞行人和撞自行车的恶性交通事故,彻底改善居住环境和绿色出行条件。

第四,每个街区都有大面积的绿地花园,使绿化覆盖率达 60%,并大量增加碳汇面积。

他设计的城市运行模型是这样。车行是靠大量的简易交通来构建的,就是用三个右转弯实现一个左转弯,所以没有太多的立交桥,只有简单的穿行立交桥,没有高架的立交桥。

车行不建高架路,因为全部建高架路太贵,而且不解决问题。所以把人架起来，把行人通过廊桥和平台联系起来。这是一个人行天桥的示意。

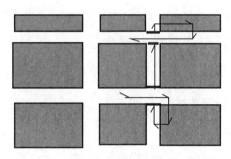

图15　JD模式的车行立体交通结构
（车的通行：以三个右转实现一个左转）

图16　JD模式的人行立体交通结构
（人的出行：通过连续的高架廊道连接）

　　真正的模型是这样。下面行车，上面居住，旁边是花园。这个花园是建在地面上的，通过天桥进去。下面是汽车道和车库，没有行人，一个人也没有。其实类似这样的范例也有，香港的中环就是这样，我们到香港的中环去，都是走在天桥上，没在地上走，下地就是坐车。这样一来，地面上全是机动车，避免了人车混流，车速就可以很快，同时居住环境也会比较好。

图 17　JD 模式的立体结构

（人车分流：车行地面，人行连续的高架廊道、平台）

5. 节地城市（JD）模式的成功案例

湖南长沙的湘江世纪城，是发展商主动采用 JD 模式投资上百亿元建成的 JD 模式街区。1.1 平方公里的地块建了 400 万平方米的建筑，房屋多盖了 2 倍，绿化覆盖率仍高达 60%，环境极佳，被誉为"宛若洋溢着现代都市风情的世外桃源"，也是"第一个吃螃蟹的城市"。

这是一个案例，成功不成功，大家可以去看看。在上海世博会的时候，它也进行过展出。下图是湘江世纪城地面停车库屋顶平台花园的实景照片，户外空间完全没有汽车，人们犹如生活在公园中。

图18　湘江世纪城地面停车库屋顶平台花园实景图

新型城镇化从概念到行动

——如何应对我国面临的危机与挑战

仇保兴

一、从城市优先发展的城镇化转向城乡互补协调发展的城镇化

二、从高能耗的城镇化转向低能耗的城镇化

三、从数量增长型的城镇化转向质量提高型的城镇化

四、从高环境冲击型的城镇化转向低环境冲击型的城镇化

五、从放任式机动化相结合的城镇化转向集约式机动化的城镇化

六、从少数人先富的城镇化转向社会和谐的城镇化

我国城镇化率已经超过 50%。我国前面 30 年走过的是一条传统的城镇化道路，城市发展模式面临转型，新型城镇化主要应侧重于六个方面的突破。一是从城市优先发展的城镇化转向城乡互补协调发展的城镇化；二是从高能耗的城镇化转向低能耗的城镇化；三是从数量增长型的城镇化转向质量提高型的城镇化；四是从高环境冲击型的城镇化转向低环境冲击型的城镇化；五是从放任式机动化相结合的城镇化转向集约式机动化相结合的城镇化；六是从少数人先富的城镇化转向社会和谐的城镇化。这六个方面也是新型城镇化与传统城镇化之间的主要区别。

一、从城市优先发展的城镇化转向城乡互补协调发展的城镇化

（一）理解我国"三农"问题的若干要点

1. 城市与农村有各自不同的发展规律。从历史上来看，凡是用城市发展规律来取代农村、农业发展自身规律时，"三农"问题就趋向于恶化。比如，过去搞人民公社、大办食堂、大炼钢铁、"四清"、农业学大寨等运动，有许多方面都是沿用了城市和工业发展的模式来解决农村的问题，但实际上效果却很不

---

* 本文是住房和城乡建设部副部长仇保兴同志 2012 年 9 月 4 日在国家行政学院省部级领导干部推进城镇化建设专题研讨班上的授课内容。

理想，反而造成了生产力倒退。改革初期，小平同志总结了基层农民的创造，推行农村联产承包责任制，真正抓准了农业农村发展自身规律，触发了农村生产力的大爆发。

2. 由于我国的特殊国情，我们绝不能盲目照搬发达国家的所谓现代农业道路，那种建立在化学农业、能源农业基础上的大农业，在我国大多数地方是行不通的。据统计，同样种一公斤蔬菜，肯尼亚人跟英国人的平均碳排放量相差 10 倍，这是由于后者是能源农业、化学农业，所以两者的碳排放水平完全不一样，而且蔬菜质量也不一样。

3. 城乡一体化发展绝对不能搞成"一样化"发展。许多基层干部对"一体化"的简单理解就是用城市、工业的办法来消灭农业、农村和农民。城乡一体化应该追求城乡两者差异化互补协调发展，有差异才能互补，有互补才能协调，这是一个非常重要的原则。

（二）先行国家城乡发展的主要模式

城乡互补协调发展的决策应该怎么走？从历史经验来看，先行的国家有四种城乡发展的模式。

第一种是城乡相互封闭式发展模式。这是由伯克利大学的教授首先提出来的。他们认为：城市在城镇化过程中像一个吸血鬼，把农村的人、资源、财物都吸收了，却把污染留下，造成农村的萧条，所以城乡必须要相互隔离。这一理论虽然逻辑性很强，但在实践上从来没有成功过。

第二种是城市优先发展模式。这种模式在非洲、拉丁美洲有过长期的实践，其理论依据是《华盛顿共识》，即城乡发展模式必须依据金融自由化、资产私有化及政治民主化等，农村土地的私有化导致大量失地农民涌向大城市，造成大城市恶性膨胀，越过人口增长的刘易斯拐点之后，长期的衰退就接踵而至了。这一发展模式不仅导致拉美陷阱的出现和非洲经济的发展困境，而且使农村和城市两者都得不到较好的发展。一方面，由于土地私有化使大量的失地农民迁移到城市来，找不到工作，在城市周边形成大量的贫民窟。联合国 2005 年度报告的标题就叫《贫民窟》，报告里面详细调查了非洲和拉丁美洲的贫民窟状况，城市 60%～70% 土地被贫民窟占据，导致非常严重的社会动乱、投资环境恶化等问题。另一方面，由于农村劳动力过度转移，造成了农产品歉收和严重的饥饿问题。如阿根廷一个农场主所占有的土地甚至超过了所在州政府的行政管辖区，当农民要求耕作原属于他们自己的土地时，就造成了冲突，死亡人数超过 170 人。这样的教训非常深刻，因此，城市优先发展的模式也是行不通的。

图1 非洲城市贫民窟一隅

第三种是城乡同质化的发展模式。在美国，机动化和城镇化同时发生，一旦人们拥有了私家车就有了在空间上自由选择居住地点的权利。此时恰逢美国出于冷战需要防原子弹，缩减城市规模，诱导人们住到郊区去，再加上国家补贴高速公路的大规模建设，导致城市低密度地蔓延，演变成"车轮上的城镇化"。像美国式的城镇化后果极其严重，我国也无法承担这样的后果。有人曾经算了一笔账，如果我国按照城乡同质化发展模式走，所有的耕地都将变成停车场和道路，这种模式在我国根本行不通。

图2　机动化导致城市向郊区蔓延

第四种是城乡差别化协调发展的模式。典型的例子就是欧盟的一些国家，如法国、亚洲的日本在这些国家游客离开城市一步就能看到田园风光。但在美国西部城乡之间界限非常模糊。欧盟国家及日本的农村人口是高度集聚在历史形成的村落之中，并伴随着开阔的原野和田园风光。同时把历史的积淀和带有地理标志的优质特色农产品生产等结合在一起。如法国香槟地区所有生产发泡果酒的人都可以共享香槟酒这个品牌，但必须要保证质量达到要求；同时，香槟地区的农村都是古色古香的（中世纪以来几乎没有什么变化），成为迷人的旅游胜地。优质农副产品加上特色旅游形成了当地经济发展的支柱。日本的情况类似，日本每年有千分之一的人被农村高质量的生活条件所吸引，回到农村定居，其产业结构直接从农业走向服务型经济发展的绿色道路。

图3　法国、日本的乡村景观

　　总之，城乡经济社会一体化发展，不是要把农村都变成城市，更不是追求城乡一样化，而是要按照城乡各自的发展规律，走城乡差别化协调发展道路。现代城市规划学的奠基人——霍华德先生在100多年前曾经说过，城市和农村应该像夫妇一般结合，这样一个令人欣喜的结合将萌生新的希望，焕发新的生机，孕育新的文明。霍华德先生所著《田园城市》就是一本城

乡协调发展方面的革命性文献。现在我国基层干部有一些观点，主张用城市的办法改造农村，将农村改造成为城市，用工业的办法改造农业，那样就会导致城乡"同性恋"，根本不可能萌发生态文明。

（三）传统村落的六大功能

1. 传统村落是民族的宝贵遗产，也是不可再生的、潜在的旅游资源

作为具有世界上最悠久农耕文明史的国家，在我国广袤的国土上，遍布着众多形态各异、风情各具、历史悠久、传承深厚的传统村落。它们鲜活地反映着文明的进步和历史的记忆。传统村落承载着当地的传统文化、建筑艺术和村镇空间格局，以及古代村落与周边自然环境的和谐关系。总之，每一座有传统文化的村庄，都是活着的文化遗产，体现了一种人与自然和谐相处的、独特的文化精髓和空间记忆。比如说有的村庄坐落在山环水抱、茂林修竹之中，与周边的自然要素巧妙的融合，形成了人类理想的聚居地。这些村落在空间布局上以及与自然环境的相处上，往往是构思巧妙，经历数千年的传承，包含着人类与自然和谐相处的历史智慧。例如，浙江省永嘉县的苍坡村，借自然山水融中国文房四宝于一体，既有利于农业生产生活，又寄托着先人天人合一、耕读传家等美好的愿望。

2. 传统村落是维持传统农业循环经济特征的有效载体

我国是世界上农耕文明传承历史最悠久的国家，传统农业

图4　永嘉县苍坡村的一方"砚池"倒映着笔架山

179

一切来自于土地，又全部回到土地之中去，对大自然干扰是最小的。当前，我们提倡的循环经济，其实就是要向传统的农耕文明进行学习，向原始的生态文明汲取经验和知识。传统村落使农民能够就近就地进行耕作，能够适应当地的气候，能够把当地的土壤、地质和耕种技艺有机的结合起来，培育出许多具有地方风味、独特的传统产品。比如西湖龙井、宣城白莲等成千上万的地方名品，都是我国优秀的农产品的代表，而这些优质的农副产品，都是以传统村落为载体的。国际上通行的地域商标也证明了与传统村落密切结合的循环经济和绿色经济模式，是一种高效的农业载体。法国的城市化前后自然村落数量一直保持在35万个，与这些自然村落密切结合的各种农副产品，都成为了走向世界的名牌，比如著名的香槟酒，就是香槟的主产区家家户户生产的发泡果子酒。比如法国有几千种不同品牌的奶酪，也是与不同的村庄紧密联结在一起的，甚至有一些品牌奶酪直接用着当地村庄的名字。由此可见，要发展我国传统的优质农产品，提高附加值，必须从保护和整治传统村落开始。

图5　浙江丽水至今保持种稻养鱼的传统农业

3. 传统村落是发展现代农业、农民旅游经济的基础，是农家乐的载体

国际经验表明，城镇化中期必然伴随着旅游潮的兴起。从发达国家经验来看，旅游潮的一半财富是从属于乡村旅游，而发展乡村旅游就要基于传统村落的保护。韩国在 20 世纪七八十年代掀起了新农村建设运动，发放了大量水泥、钢筋，持续十多年的大建设，使不少传统村庄改变了面貌。到了 20 世纪 90年代，韩国人认真反思过去对传统村落的大拆大建，丧失了许多宝贵的旅游资源，所以重新开始兴起农村"Amenity（美化）"运动，纠正了过去大拆大建的错误，并及时恢复当地村庄

的格局、独特的建筑风格、文化传统、农副产品、地方民俗节庆活动，把它们与山清水秀的田园风光组合在一起，吸引大批游客到韩国农村旅游，使当地农民收入连年增长。

据我国实践，无论是四川还是浙江、福建，凡是坚持保护传统村庄、发展农家乐的农村，农民的收入增长幅度都大大快于其他地区。甚至有的村庄实现农民收入七年连续增长。这些地方已经探索出一条完全可以超越村村点火、户户冒烟的工业化阶段，直接以农家乐和乡村旅游来引领绿色农副产品的栽培和生产，实现第一产业和第三产业相随相伴，走出一条绿色的、可持续的农村农业发展新道路。这些新致富道路的开辟，都必须要基于传统村庄，没有传统村庄的保护利用，创新发展道路无从谈起。

181

图6　美化运动后的韩国新村

图7　发展休闲旅游的传统村落

4. 传统村落是广大农村农民社会资本的有效载体

所谓社会资本，是除经济资本和自然资本以外，人们对周边环境、自然和人际关系的熟悉和了解，以及已经具有的传统技巧和知识的总和。丧失了社会资本，在某种程度上，比丧失自然资本和经济资本的后果更加严重。有一个例子可以证明，在我国农村现在最贫困的地方往往是那些水库移民村，或者建重大工程补偿不够，或者补偿足够了但是被迫离乡背井迁入他乡的农民兄弟，因为他们几乎丧失了全部社会资本，尽管政府部门给予了大量经济补偿，但是生活依然十分贫困。他们把对自然环境和气候的熟知和适应、对周边山水的认知和众多亲朋好友的人际关系全部抛弃了，结果重新陷入了贫困。所以有许多补偿足够的移民，现在又回到原驻地，一个重要的原因就是要重新融入到拥有社会资本的地方去。农村传统的农耕和日常生活，离不开互帮互助互学，传统村落不仅是农民兄弟心理认同的地理环境，同时也是社会资本的唯一载体，更是众多地方方言、风俗、手工艺品、传统节庆等非物质文化的有效载体。这些载体都可以发展成为社会经济增长的宝贵资源，破坏了这些资源，就等于阻碍了广大农民致富的门路。

图 8　移民的村民仍想回到原来的传统村落居住

5. 传统村落是 5 000 万散布在世界各地华侨和数千万港澳台同胞的文化之根

中华民族是一个崇敬祖先的民族，与西方将上帝作为唯一的"神"来崇拜完全不一样，我们是把祖先当成神灵来崇拜，历史上的许多神如"三皇五帝"等其实就是普通百姓的祖先，敬神实际上就是崇拜祖先。我国传统村落的核心是家宗祠堂，这与西方村落以教堂为核心截然不同。传统村落往往成为连接家族血脉、传承族群文化的重要载体，是广大华侨、港澳台同胞寻根问祖的归属地，所谓一方水土造就一方人就是如此。尽管他们远在千山万水之外，但是总要回来找寻文化祖宗、血脉来源，甚至有的侨胞在别的国家当了首相，还要回到自己的祖先发源地来了解族群文化的特征和血脉的传承。由此可见，如果丧失了这些传统的村落，等于是瓦解了中华民族的凝聚力。

图9　安徽绩溪龙川胡氏宗祠

6. 传统村落是国土保全的重要屏障

一些国家和地区对边境地区的居民点保护和发展极为重视。日本早在1953年就颁布了《离岛振兴法》等法律，将边境线上的居民点进行保护和扶持。2012年，日本又计划对《离岛振兴法》进行修订，鼓励日本民众在离岛上"定居"，防止一些岛屿特别是"可作为专属经济区根据"的离岛沦为无人岛，同时采取措施提振离岛经济发展。日本千方百计保持离岛的现有人口，同时鼓励更多的人到离岛定居，是因为离岛上的定居点在国土保全和领土争端中发挥着不可替代的重要作用。

我国国境线漫长，但不论是陆地边界，还是海洋边界，都与周边国家存在一些争议，国土安全和领土完整受到严重威胁。国际上在领土争端的解决实践中有一条重要原则，即争议领土范围内如果有某国的国民长期居住生活，则可以作为领土属权的重要判别依据。我国曾经因珍宝岛领土争议与前苏联爆发过小规模的边境冲突，如果当时珍宝岛上有我国居民定居的村落，领土争议则不辩自明，边境冲突也就可以避免。

但是，我国一些边境省份在城镇化进程中却忽视了传统村落在国土保全中的特殊作用，片面追求城镇化水平，对散落在边境线上的村落不愿投入，不切实际地寄望于通过整体搬迁的方式来使这些村落的居民快速脱贫。例如，有的沿海省早期提出"小岛迁大岛建"的错误主张，将小岛上的居民搬迁到大岛甚至是陆地上，使得一些原来长期有人居住的岛屿变成了无人岛。这种做法无异于在领土和领海争端中"自废武功"。

因此，从历史的教训和国际经验来看，传统村落特别是边境地区的传统村落的保护对国土保全具有重要意义。

图10　中俄蒙边境的新疆禾木喀纳斯传统村落

（四）当前农村规划建设中的主要问题

当前农村规划建设存在以下几个主要问题。

问题之一：盲目撤并村庄，片面理解城镇化。现在有一种片面城镇化的做法很有诱惑力，如我国南方一些地方将农村重新进行"归大堆"式规划，把村庄村落简单合并，将农民全赶上楼，以为可以节约出很多耕地来。但是，调查发现，农民虽然已上楼，但还在务农，上楼后农机具、粮食、种子和肥料等没有地方堆放，只能堆在楼下绿地中。农民上楼但生产生活资料上不了楼。农民种地是一种循环经济，必须就近。农民养的猪某种意义上是农民的垃圾桶、肥料发生器和储蓄罐。如果一味赶农民上楼，不仅造成农业循环链断裂，而且还忽视了庭院经济的收益。事实证明，这种模式并不是成功的模式。

图 11　某地农民集中居住区规划图

　　问题之二：盲目对农居进行改造，忽视了村镇基础设施的建设。一般农民盖房子实际上类似搭积木的过程，第一年先搭一个平房，第二年有钱了加建一层，第三年两边再延伸出去。盲目对农居进行改造，不仅与"搭积木"不匹配还忽视了传统民居的"个性"，比如岭南派民居的个性非常独特，非常漂亮，在改造过程中一旦被破坏，大量历史文化遗产就永远消失了。我国的城镇化伴随着旅游的全民化，而且我国的旅游业是最大的财富分配机会之一，每年游客约有 20 亿人次，年均增长约30%。按照发达国家的经验，这个蛋糕的 1/3 将被"乡村旅游潮"分享。如果这些历史遗产都消失了，就失去了农村农民分享这些财富的新机会。

图 12　岭南特色的村落

问题之三：盲目的安排村庄整治的时序。这种做法在我国北方比较普遍。比如村里面的路还是土的，而农田里却铺上了水泥路，这是因为基本农田改造有标准、有补贴，使得水泥路铺到农田里去了。村民的饮水还很困难，但是玉米地里却有了自来水管，因为要推广喷灌技术。村里的小学校舍属于危房，但是活动室却一个挨一个盖起来了。我在调查中发现，一个200户农户的村庄竟建有16个活动室，问农民有没有去过这些活动室，农民回答只去过其中的合作医疗活动室，不知道其他的活动室是做什么用的。农村的公共活动场所，古代是祠堂，在西方是教堂，现代实际上是村小学。因此，农村公共活动中心围绕村小学和合作医疗活动室并略微扩展就可以完成了，再搞那么多个单独的活动室确实是浪费的做法。

图 13　村里的土路与农田里的水泥路

问题之四：忽视了小城镇建设。朱镕基总理针对城镇建设状况曾经说过，"过了一村又一村，村村像城市，过了一镇又一镇，镇镇像农村。"在国外生活条件最好的、风景最优美的、多次被列为全球最佳居住环境的地方，一般都是小镇，而我国恰恰相反，农村集镇生活条件是比较差的。原因在于镇建设缺乏

图 14　村民饮水困难与玉米地里的"自来水管"

189

图 15　校舍危房与全新的"××活动室"

两个抓手：一是土地出让金没法产生，产生了也要上交到城市里来，结果造成城市与集镇公共投资严重不公平；二是小城镇的管理模式不一样。国外的小城镇没有公务员制，所谓小城市市长都是兼任制的，许多市长是由退休的公务员担任。小城市一般都设有城市委员会，委员会的委员都是兼职的，市长轮流来当，每月市长补贴 200 美元交通费。城市委员会每年开几次会决定一些重要事项，如聘请城市经营者。城市经营者把自来水、污水处理、街道清洁、绿化等通过市场化，像小区物业管

理一样进行运营。地方的主要收入来源是物业税，即通过财产税的征收来达到财政收支平衡。发达国家如美国、加拿大及欧盟的 5 万人口以下小城市都普遍采用这种模式，这些城市用于公务员的工资基本上为零，使得宝贵的财政资金基本能够全用在城市基础设施的建设和正常维护上。如果没有这么一种体制，这些小城市就很难与大中城市竞争。我国在这些问题上有比较大的差距，导致地方财政的资金利用效率不高。

图 16　德国巴伐利亚小镇与希腊雅典周边小镇

　　城乡空间差异化协调发展的思路是基于城市和乡村本身具有不同的发展规律。从生产角度来讲，农村农业是以家庭经营为主，即便是人均 GDP 达到 2 万美元，也就是北欧的水平，农村农业还是以家庭经营为主；而城市工业是以企业为主，讲究专业化分工和合作，只有充分专业化分工才能快速积累知识，形成技术创新和集聚经济。从消费角度来讲，农村农业是低成本循环式，没有任何资源在传统农业中间被浪费或成为垃圾，所以人类的农耕文明与大自然和谐共处了几万年，但是工业文明仅仅 300 年就把地球上的资源消耗得差不多了。农耕文明能够长期延续，正因为其本质上是循环的，而城市和工业是高消耗直线式的，有很强大的生产者和消费者，但是没有降解者，无法形成循环经济。从公共品提供角度来讲，农村农业以自助合作为主，如古代徽商在外经商赚钱回到家乡捐助修桥铺路，为地方乡亲做点事，所以农村的公共品如修桥铺路通过捐助或老百姓集资来实现，是一种合作的机制，而城市的公共品服务是由政府包办的。从景观特征来讲，农村农业是自然的、宽旷的、情趣的、传统的，但城市工业是文化的、现代的、娱乐的、多样的和动态变化的。从空间关系来讲，农村农业是生产的空间、生活的空间和生态的空间三者合一，只有这种合一才是有效率的。农村社会生产的空间和生活的空间是紧密结合在一起的，在这样一种状况下，这种"三合一"的空间结构是有效率的存在。而城市是工业区、居住区、商业区等功能的分区和空间的分离。以上是一些本质上的城乡差别，城乡协调发展就要承认和利用这些差别的存在。

191

表1　城乡主要差别

	农村、农业	城市、工业
生产	家庭经营为主	以企业为主
消费	低成本、循环式	高成本、直线式
公共品提供	自助合作为主	政府包办为主
景观特征	自然、宽旷、情趣、传统	文化、现代、娱乐、多样
空间关系	生产、生活、生态空间不可分离	分离

　　要解决以上问题，就要遵循符合生态文明观的村镇规划与建设原则。

　　原则之一：保护生态和农村特色。村庄得以维持的基本自然资源直接来自于它的周边区域。乡村规划应尽可能保留乡村原有的自然地理形态、生物多样性和这两者之间的联系。

原则之二：乡村生活与生产在土地与空间适用上的混合性是一种有效率的存在。应该尊重并加以"拾遗补缺"式的优化，而不能按城市"规整"的模式将它们推倒重来。

原则之三：保持乡村生态循环。乡村居民的生理健康在很大程度上依赖于周边环境的健康。维持干净的水、土壤、生态良好的生态系统将成为脱贫致富之后农民的第一需求。村庄周边的区域对农民的资源供应能力和废物吸收能力是有限的，乡村规划也应注重"生态承载力"。

原则之四：农民的心理健康，如对社区的认同感、友好感和安全感，建立在他们所熟悉的传统文化场景之上，村庄的规划建设要尽可能地向历史学习。尊重与保护村庄文化遗产、地域文化特征及其自然特征的混合布局，不仅应成为村庄整治建设的重要内容，而且更是吸引游客发展农村第三产业的主要资源。如国际上成功的灾后重建重要标志，就是重建后的居民点景色与震前的尽量保持一致，这样就可以给人们减少心理上的创伤。再如安徽宏村，按照有些人的观点，原来那些破烂的旧房子都应该拆掉，但通过当时建设部专家的帮助，宏村被保护好并申报成为世界遗产，现在这个村每年仅门票收入就有几千万，当地老百姓的平均收入翻了几十倍，事实证明这条路是走对了。汶川灾后重建之所以非常强调本土建筑特色，就是要传承当地的乡土文化来发展"农家乐"富裕农民。

原则之五：坚持适用技术推广。乡村生态的循环链、乡村生活与生产混合等特点必须加以完整细致的保护。尽可能应用小规模、微动力与原有生态循环链相符合的环境保护技

图17 安徽宏村与四川雅安上里村

术和能源供应方式，如太阳能、小型污水处理、沼气池这些小型化、分散化的设施就非常适用。要强化农村生态循环的链条，如果把城市那一套搬到农村就破坏了这种生态循环。过去有过许多教训，如陕西窑洞是最节能的乡土建筑之一，一些地方干部为了追求"新农村面貌"，把农民从窑洞里面赶出来，迫使他们住到楼房里面去，农民原来在窑洞里生活时冬季取暖消耗的煤很少，住到楼房去后却要消耗大量的煤，加重了农民的经济负担。而原来的窑洞却被旅游部门收购，改建成宾馆租给来旅游的人住。

图18 日本、德国的太阳能村庄与陕北窑洞

原则之六：尊重自然。村庄的"建成区"往往叠加在比它大几十倍的农田之中，农业和生态用地的保护（特别是基本农田、湿地、水源地、生态用地的保护）应成为乡村规划管制的重点，采取更系统的保护和利用。乡村自然美景、生态敏感区、风景名胜区和自然斑块都是最珍贵的城市和农村共享的大自然财富。

图19　浙江省武义县郭洞村

原则之七：强化县城建设，促进县域经济发展。县城关镇规划必须注重为县域经济发展服务。县人民政府所在地镇对全县经济、社会以及各项事业的建设发展起到了统领作用，其性质职能、机构设置和发展前景都与其他镇不同，被称之为县域经济发展的火车头。要进一步发挥县城关镇总体规划对统筹城乡协调发展，引导构建合理的产业和县域城镇空间结构的作用。

原则之八：加快小城镇建设，带动周边农村发展。小城镇对于有效吸纳农村富余劳动力就地就近就业，为农业产前、产中、产后提供规范化服务，提高农村地区现代化水平具有重要作用。一些地方通过制定小城镇规划，明确了产业的布局，为依托农业和服务现代农业的产业发展提供了服务，实现了小城镇的差异化发展。小城镇围绕主导产业发展产业链，培育和促进各具特色的产业集群发展，打造"一镇一品"、"一镇一业"格局，增强了县域经济的活力。农房整治要按照农村既有的格局来进行整治。如浙江安吉，政府通过以奖代拨一个村庄一个村庄地进行整治，农民的房子式样各异，基础设施完善，环境优美，这样优美的乡村环境促进了"农家乐"的发展，农民当年的收入就翻了一番，第二年又接着翻了一番。但是，有的地方搞"兵营式"农房整治，结果把农村农家乐的基础都破坏了，没有任何城里人愿意到这样的地方去体验"农家乐"。

住房和城乡建设部与财政部目前正在推行绿色小城镇计划，初步提出在"十二五"期间建立200～500个绿色小城镇。实施这项计划的目的是促进我国城镇体系中大、中、小城市和小城镇的协调发展。绿色小城镇要求达到六个标准：一本经科学编制的总体规划及管理机构；一套较为完善的污水垃圾处理、安全供水、道路、绿化市政设施；一套"三网合一"的先进通讯电视网络；一套与太阳能、风能、生物质能和小电站相融合的新能源供应体系；一个"无假货"超市，并逐步实现全国城乡联网；一项因地制宜的乡土绿色建筑实施办法。如果达到了这六条标准，国家将给予财政补助。

图 20　农房整治效果

图 21　村庄整治效果

图 22　浙江安吉村庄整治后的面貌

图 23　易引发误导的"兵营式"新农村

二、从高能耗的城镇化转向低能耗的城镇化

（一）理解我国能源问题的要点

1. 我国资源中最丰富的煤炭储量人均只有世界平均值的55％，而人均石油和天然气储量分别只有世界平均值的 7.4％和 6％，所以，我国资源的现状是"富煤少气贫油"，以煤代气是我国为保障能源安全不得不推行的长期战略性选择。

2. 我国如果要达到发达国家水平，即使按照日本这个最节能、能效最高国家的标准（人均年消费石油约 17 桶），再乘以我国现有人口数量，每年所需石油将高达 36 亿吨，而国际上每

198

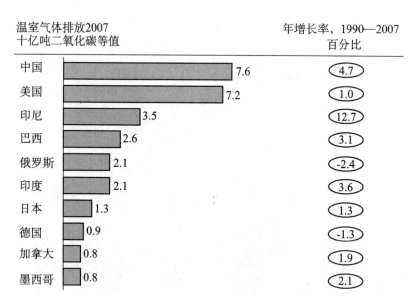

图24　世界主要国家温室气体排放量与年增长速度

年石油贸易量仅 20 亿吨。2009 年全球石油总产量为 35 亿吨，预计五年内将达到峰值，无法满足未来我国石油的需求。因此，我国的发展道路必须要超越日本的节能模式。

3. 当前，我国已经超过美国成为全球第一温室气体排放大国。更重要的是，数据表明，世界上如德国、俄罗斯等国的能源消耗和排放均为负增长，美国的排放年增长率为 1％，而我国为 4.7％，增长速度非常快。我国目前的排放中 30％为转移排放，即通过国际贸易实质上为满足发达国家的高浪费而排放。

4. 能源消耗的三大板块分别是工业、交通、建筑。从世界平均水平来看，能源消耗结构中工业占 37.7％，交通为 29.5％，建筑为 32.9％，而我国现在建筑能耗占 26％，交通能耗为 10％，工业占 60％～70％，但按照目前的发展趋势，工业能耗占比随着经济社会发展将会降到 1/3 左右。城镇化的两个板块，即交通和建筑是刚性的结构，也就是说，未来我国的能源安全是由现在的城镇化模式决定的。这是因为，如果我国的主要交通工具不是轨道交通，而是高速公路；如果我国城市建设模式选择的不是密集型城市，而是美国式的蔓延型城市，那么城镇化的结果将像美国一样，仅汽油消耗量就会等于全球的产量。更重要的是，交通布局和城市密度一旦形成，就无法再进行调整。这也是美国总统奥巴马解决不了美国人能源消耗过高问题的根本原因。欧盟的测算标准表明，建筑全过程对全球资源和环境的影响，资源消耗方面：能源为 50％，水资源为 42％，原材料为 50％，耕地为 48％；污染方面：空气污染为 50％，温室气体排放为 42％，水污染为 50％，固体废物为

199

48％，氟氯化物为 50％。由此可以看出，建筑全过程消耗了大量的资源和能源，产生了等量的污染和排放。

表2　世界与发达国家能源部门消费结构

	世界	OECD	美国	日本	英国	法国	德国
工业	37.7	34.6	27.7	42.3	29.7	30.3	33.1
交通	29.5	33.1	40.7	27.1	31.9	31.3	27.4
建筑	32.9	32.3	31.6	30.6	38.5	38.4	39.5

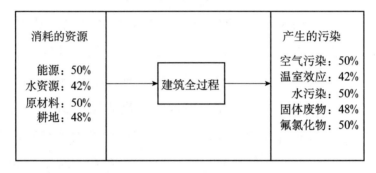

图25　建筑全过程对全球资源、环境的影响

（二）解决能源问题的对策要点

1. 建筑节能不仅要着眼于减少能源的使用，还必须尽量采用低品质的能源，也就是低能源转换率的能源，比如直接利用地热能、太阳能、浅层地热能、风能等，这些能源属于低品质的能源。

2. 在建筑设计中尽可能采用简单廉价技术，如通风、外遮阳等。

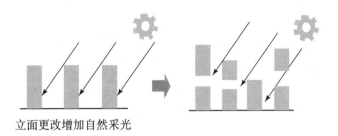

立面更改增加自然采光

图 26　自然采光

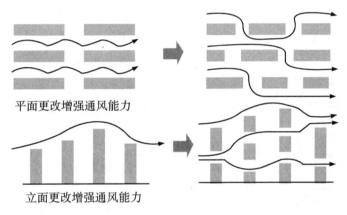

平面更改增强通风能力

立面更改增强通风能力

图 27　自然通风

3. 用低品质的能源进行建筑的整体和基础性调温，用高品质的能源进行局部性、精细化的调温，这种组合应该成为建筑设计的通则。国外的零排放建筑都是按照这个原则来设计的。另一个节能途径是利用地下岩层储能，这方面我国的地层储能条件比美国的要好。

4. 从单一产能建筑走向集合分布式绿色能源系统，也就是把电梯的下降能、风能、太阳能等组合起来，在小区内部使用，白天有多余的电力可以向电网供电，晚上不够的时候电网反过来向小区供电，这样可以做到节能 70%～80%。分布式能源所利用能源技术，单项而言都是成熟技术。根据麦肯锡的专家分析，预计到 2030 年，清洁能源如太阳能和风能发电的成本将接近于目前燃料发电。这个是最保守的估计，实际上这个时间还可以提前 7—8 年，也就是说，到 2022 年左右清洁能源和传统电网的成本将趋于一致。这样，抓住这个机遇所剩时间并不多。

图 28　可再生能源建筑应用

5. 全面推行住宅的配件化和全装修。我国的住宅二次装修每年所消耗的资源约相当于 300 亿人民币。据测算，与传统施工相比，配件化可以节能约 20%，节水 63%，节木材 87%，产生垃圾量减少 91%。

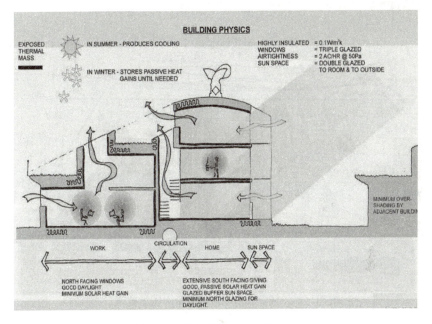

图 29　低碳排放建筑示意图

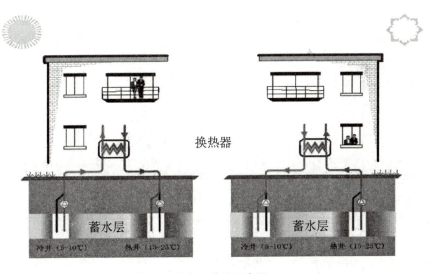

图 30　滞水层蓄能示意图

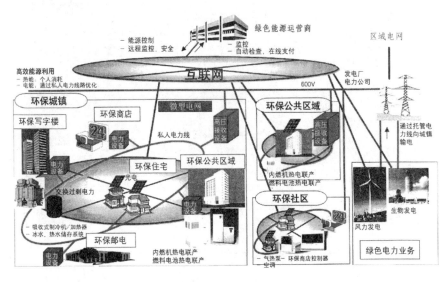

图31 提供绿色能源服务的生态园区示意图

表3 清洁能源成本预测

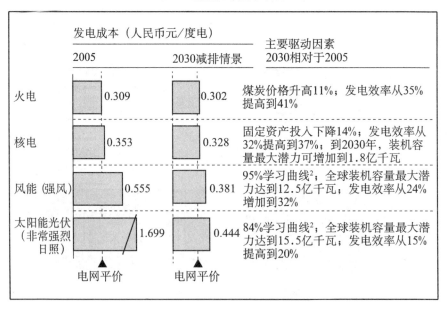

发电成本（人民币元/度电）		主要驱动因素
2005	2030减排情景	2030相对于2005
火电 0.309	0.302	煤炭价格升高11%；发电效率从35%提高到41%
核电 0.353	0.328	固定资产投入下降14%；发电效率从32%提高到37%；到2030年，装机容量最大潜力可增加到1.8亿千瓦
风能（强风）0.555	0.381	95%学习曲线[2]；全球装机容量最大潜力达到12.5亿千瓦；发电效率从24%增加到32%
太阳能光伏（非常强烈日照）1.699	0.444	84%学习曲线[2]；全球装机容量最大潜力达到15.5亿千瓦；发电效率从15%提高到20%
电网平价	电网平价	

图 32 传统装修方式与全装修比较

表 4 配件化与传统施工比较

统计项目	配件化项目	传统项目	相对传统方式
每平方米能耗（千克标准煤/平方米）	约 15	19.11	约－20%
每平方米水耗（立方米/平方米）	0.53	1.43	－63%
每平方米木模板量（立方米/平方米）	0.002	0.015	－87%
每平方米产生垃圾量（立方米/平方米）	0.002	0.022	－91%

6. 全面推广建筑物立体绿化。广州为迎接亚运会进行了效果很好的建筑立面整治，如果能再加上立体绿化，效果就更好。在我国南方地区推广立体绿化，至少可减少 20% 的空调能耗。

7. 对新建建筑执行强制性节能标准。全面实施节能标准，实施严格的审查制度和处罚措施，对建筑全过程的所有环节进行监控，认真执行建筑节能标准。对于不执行标准的单位根据责任给予罚款、公开曝光、限制进入市场、对资质或资格进行处置、不予核准售房等处罚。

8. 建立各类用地、财政税收激励政策。对高等级绿色建筑和节能建筑减免相关税费，绿色建筑中央财政补贴标准为二星级 45 元/平方米，三星级 80 元/平方米；对可再生能源在建筑中应用示范项目财政补贴制度。近几年我国绿色建筑规模呈现快速增长的态势。

205

图33 屋顶、立面、公共构筑物的立体绿化

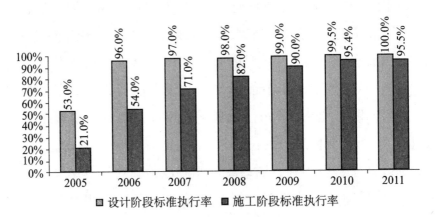

图34 新建建筑节能达标率历年变化

206

9. 开展既有建筑节能改造。大型公用建筑能耗过大，公共建筑单位的耗能比民用高 5～10 倍，所以，机关单位应该率先垂范，政府办公楼先行，通过试点示范、专家诊断，研究制订出经济合理的方案。

图 35　建筑太阳能一体化应用

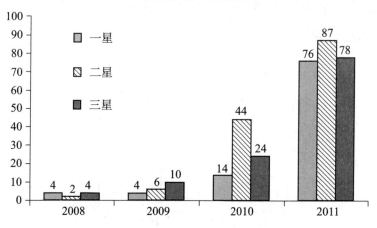

图 36　绿色建筑评价标识历年授予数量

图 37 既有建筑节能改造

10. 从绿色建筑走向绿色校园、绿色社区。2009 年我国确定了 18 所大学为节约型高校，在 2010 年和 2011 年又分别确定了 42 所大学为节约型高校。下图反映的是 2008 年以来我国节约型高校的确定情况。

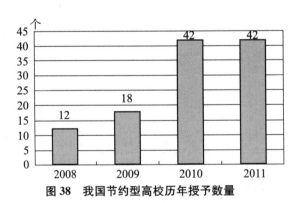

图 38 我国节约型高校历年授予数量

11. 抓紧推进北方地区的城镇供热体制改革。要规定各城镇完成供热体制改革的期限，宣传推广一些城镇供热体制改革的成功经验，并对不同的计量控制系统进行科学比较，择优选出最经济合理的技术方案。

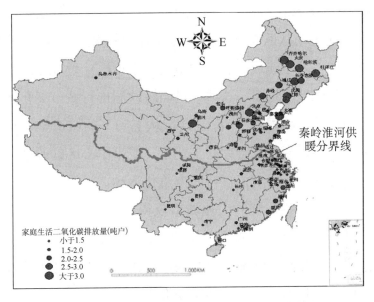

图39　我国主要城市家庭生活二氧化碳排放量（吨/户）

209

三、从数量增长型的城镇化转向质量提高型的城镇化

（一）理解我国质量提高型城镇化的要点

1. 城市的本质内涵是使人们的生活更美好，而不是为了机器或汽车来建设城市。所以，沙里宁曾经说过：城市就像一本打开的书，从中可以读出市民的理想、抱负与素养。

2. 知识经济时代，城市的竞争力突出表现在城市吸引人才的能力和宜居等方面，城市的独特宜人风貌、社会安定、服务功能的高品质等已经成为人才迁居的首选因素。

3. 先行国家在城市化中期阶段都出现过城市美化运动。这种城市美化运动从欧洲文艺复兴时期开始一直延续到 20 世纪 50 年代，比如将城市建成纪念性的空间，在市区建设环城绿道、中心绿地、纪念性广场等，这些都是当时欧洲推行城市美化运动的一些成功经验。美国在 20 世纪推行从上到下的城市整体美化运动，如芝加哥市通过结合原有工业区、城市中心区的改造，并借助举办世界博览会的契机进行城市美化运动，虽然实施过程中有争议，但也使一些传统的工业城市获得了生机。日本在 20 世纪 70 年代推出"再造社区魅力"运动，重新恢复社区里原来被填了的河道、湖泊和园林绿地，以及一些古建筑，来达到重塑社区魅力的目的。在日本，这一运动至今都热度不减。

（二）城市和乡村形象的主要元素

1. 道路。道路元素要强调可识别性、连续性、方向性和交叉点。可识别性方面要注重绿化配置、功能聚集、桥梁组合等要素，连续性方面要注重尺度、对比、沿河地形地貌、建筑功能立面形成整体感等，方向性方面要注重特征变化、地形从高到低、建筑从大到小、花草乔灌变化，便于将城市各部分连接在一起。在这方面一个经典的例子是法国巴黎的香榭丽舍大道，其可识别性、连续性、方向性等特征都非常明显。人们到了香榭丽舍大道，就可以看到凯旋门、另一边就是拉德芳斯区新凯旋门，这两个标志性的建筑物，一个是古代的，一个是现代的，任何人在其中都不会迷路。但是我国现在许多城市的道路缺乏这"三性"。

图40　巴黎香榭丽舍大道

2. 边界。边界是指除道路之外的线状空间关系。所有的线性空间都有边界，比如说"绿道"将生态与人文敏感区与其他地理区域区分开来，特别是河岸、湖岸这种开放的空间对两者的区分作用十分明显。巴黎塞纳河的防洪标准只是"五年一遇"，巴黎《城市宣言》第一句话就是：把塞纳河优美的空间开放给全世界热恋中的情人们。这是一个非常浪漫，非常有生活气息的理念。正是这种规划建设理念使法国连续五年被评为"世界上最宜居的国家"。城市周边包括被道路分割的区域、台地、山丘等都是非常重要的景观设计节点，这些节点是在绿道规划建设时需要加以注意的。城市的边缘，就是城市边界，应该是最优美的，而不是混乱肮脏的。

3. 区域。区域是指游客可以进入具有一致性的城市空间，是内部展开的城市景观。城市是一种人类历史上最宏大的自然和人工的复合体，是由不同纹理的区域组合而成的。在区域特色保护方面一个成功的典范是青岛的历史街区，这个历史街区很好地保持了原有的特色，即欧式红瓦、白墙和绿树，离开街区一步之遥就是现代化的城区，而街区内的空间结构和建筑风

图 41 巴黎塞纳河

图 42 意大利五乡地

图 43 城市边缘（城乡边界）

貌基本保持不变，同时又显山露水，形成人工建筑和自然风光的和谐格局，建筑之间既协同一致而又具多样化。青岛历史街区内的建筑风貌既具有一致的红瓦白墙，又是多样的，没有一个建筑的外形结构和细部设计是一样的。这种单体建筑各具特点但是整体和谐的风貌形成了区域的感受焦点。另外一个例子是韩国首尔的改造。在 20 世纪 50 年代机动化时期，把这条河

图 44　区域是内部展开的城市景观

图 45　青岛历史街区

道用水泥板盖上变成了道路，以后道路还不够用，又加了一个高架桥。韩国总统李明博在担任首尔市长期间将高架桥和河道上盖都拆掉，仅留下几个桥墩作为纪念，恢复了河道，形成了一个非常好的景观带。在景观带建成的那天，李明博像个小孩一样在此洗脚。从这点上看，李明博对首尔的城市改造是有贡献的，所以有资本竞选总统。

图 46　瑞典斯德哥尔摩人工建筑与自然风光的协调景观

图 47　韩国首尔高架桥改河道

图 48　韩国首尔高架桥改河道

图 49　韩国首尔高架桥改河道后的亲水河岸

4. 节点。节点就是游人可以进入的景观高潮点，是路与路、路与河、路与林相互交叉之处，以及公园、广场、交通枢纽等。图52所示是北方一个大学校园里的水稻公园，由一个国外留学设计师设计，他将一个平常的广场设计成田园风光并种上水稻，形成了城市内的稻香村。其他比如复合交通枢纽、运动场、大学校园和公共建筑群等都应通过精心设计成为节点的表现形式。

图50 节点是游人可进入的景观高潮点

图51 威尼斯圣马可广场

图 52 校园里的水稻公园

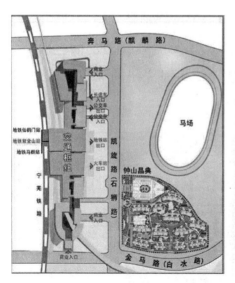

图 53 复合的交通枢纽

图 54　运动场、大学园区等大型公共建筑群

　　5. 标志物。标志物是游人可从外部欣赏的构筑物，不在于体量大，在于它外形的典雅和文化内涵，同时也在于它与周边环境的协调。比如，某一城市周边有自然秀美的山峰，就应该设计好城市的街道轴线，使尽可能多的市民和游客看到这一标志物。如南非开普敦的桌山，保持了这样独特的地形地貌特点，就成为该城市最典型的标志性景观。里约热内卢的面包山是另一个非常典型的世界性标志景观。我国杭州的保俶塔，现在、将来乃至永远都是杭州的标志物。

图 55　标志是有空间感染力的构筑物与自然物

图56 里约热内卢基督山与面包山、南非开普敦桌山

图57 杭州保俶塔

（三）规划建设安全抗震的城镇

我国大陆地震烈度6～9度的地震区占国土面积的60%以上，2/3的人口达百万的城市位于地震烈度7度以上的高危险区。我国是仅次于日本的地震密度最高的大国之一。由此可见，日本的经验很值得我们学习借鉴。

1. 建筑物的抗震加固。抗震诊断、实施加固、全面推行"学校加固计划"。日本阪神地震之后，建筑物抗震加固规范更加科学。日本阪神大地震在地震界引起了关注。因为在此之前，所有的地震专家都认为东京地区会发生地震，而关西地区不会发生地震，所有的抗震设施都集中在东京，结果突然发生了关西大地震，这是日本地震学家们没有预料到的。在此之后，建筑师们全面检讨了建筑和工程抗震的一系列法律。推行"学校加固计划"，并对重要公共建筑进行避震改造。

2. 城乡生命线加固工程。1996 年以来，全日本一共加固桥梁 2.8 万多处。大桥桁梁与桥墩之间通过锁链加固，发生一般地震时，桥梁也不会因错位而垮塌。

图 58　桥梁加固工程

3. 利用城镇道路、河川，规划建设"城市防灾轴"。防灾轴包括绿化隔离、防灾点布局、防灾公园、居民点交通等之间的关系处理、物资储备点设置等，构成较为完备的防灾系统。

4. 建设具备医疗、福利、行政、避难、储备等多功能"防灾安全街区"。街区里面有公园、社区防灾中心、避灾点和应急救灾物资的储备等。

5. 将政府办公楼、公园、体育场、学校、广场等建设成为"防灾据点"，配备应急用品储备，而且储备的应急用品可以保证一周的需要。

6. 建设公园、绿地雨水收集和储蓄池，既可用于消防，又可以节约水资源浇绿地。

7. 采用柔性管道或接口技术，提高城镇管道网络抗震性能。日本抗震专家认为，只要把柔性抗震管道技术用到位，即使发生8级大地震也不会对地下管网造成太大的破坏。

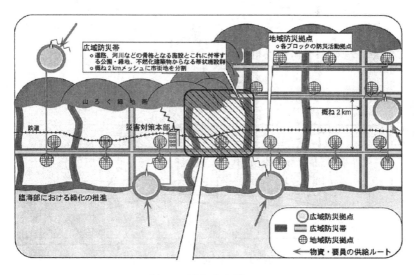

图59　城市防灾轴

图60　城市防灾安全街区

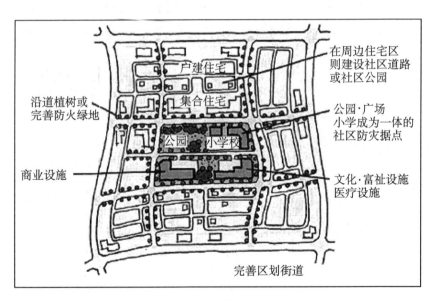

图61　城市防灾据点

图62 日本的隔震和避震建筑

8. 对抗震应急中心、通讯、医院、电力、消防等生命线指挥调度建筑采用隔震和避震建筑。日本神户市大量采用此类建筑之后，确保了地震来袭时城市生命线工程的正常运转。

9. 推广"电波报警系统"和GIS技术应用。日本建立了地震信息快速发布系统，一旦地震发生，气象部门根据来自震中最近观测点的数据，大约在4秒之内即可通过无线和广播电视系统迅速发出警报，在地震波实际到达之前为周边地区赢得数秒甚至几十秒的应急准备时间。如今年6月14日发生在日本岩手县的7.2级地震，东京地区发出警报比地震实际到达当地时间提前了十几秒。因为电波的传递速度达每秒30万公里，而地震发生先是纵向波，后是横向波。横向波传递速度相对慢些，在距震中100公里处，一收到电波报警信号就可以跑到户外避险。因为横向波来的时候，距震源100公里以上的时间间隔有六七秒，完全可以躲避，这就是一个救命的信号。

10. 编制城镇抗震防灾规划与防灾应对手册，指导城乡居民和青少年学习，经常演习防灾，增强民众防灾意识。日本的同行们强调，如果把所有的抗震对策重点都放在硬件设施的修建上是很危险的，而且从成本角度考虑实际上也是不合算的。为了减轻受灾程度，在设施的管理、观测、避难等软件方面加强培训和管理，是防灾城镇建设的重要一环。

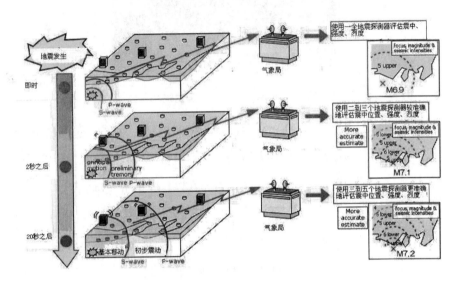

图 63　日本地震信息快速发布系统

11. 多组团、互补发展型的中小组合城镇群。这样的城镇发展模式可以分散地震造成的危害。日本提出小巧的城市空间、产业互补、基础设施多重互联，城镇出口通道应该是多个。防灾信息共享、生态环保共建、资源共同利用、生态环境修复共同努力等。

美国城市规划师协会也提出了灾后恢复与重建规划，基本要点是：一是要把防灾规划和恢复重建规划纳入正在实施的城市规划中去。二是制订以社区为基础的灾害反应规划。一定要以社区（居委会或者村委会）为基础来组织救灾和重建活动。

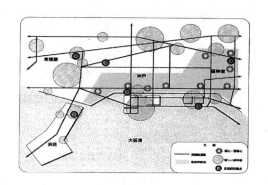

图 64　多组团、互补发展型的中小组合城镇群

三是制定为社区提供应急的短期住房策略。社区应有这样的理念，发生灾难之后的应急住房，由社区自己解决。四是灾前编制适用于旧城区的经济援助计划，因为旧城区最容易受到灾难性的破坏。五是加固住房和其他房屋，使之能抗御未来的强震。六是明确权属模式，与易受灾地区的企业一起工作，预见他们的需求。即要明确个人、单位、团体抗震救灾的权利与责任。七是列出社区内需要在地震后修复和加固的建筑物清单，寻求减少损失的时机。八是了解风险如何随地点而变化。九是取土样，即进行地质勘探。只有经过深度钻探分析，才能准确地判断哪个地方存在地震断裂带。因为地震断裂都发生在地层深处，仅从地表破裂来判断地底下的断裂带往往难以奏效。日本采取两个办法来确定地震断裂带的位置。第一是通过反射式勘察，通过对地面的机械撞击，人工制造小地震，再以类似医用超声波的专门仪器检测，但这只能是探明浅层的断裂。第二是钻探分析。深层的断裂必须经过钻探，并对岩芯土样进行科学分析。因为断裂带的土样不一样，要深入地层几公里甚至 10 公里处进

行取样分析。日本对地震断裂带的分析已做到非常精细的程度，可以把地震断裂带在地底下的位置以不同的颜色线条标注在1/500的图上，并用不同的色线标明准确程度，这样就可供业主和工程技术人员参考。而我国在这方面往往采用1/10万的图，精确度与日本相差太大了。十是把绘制的地震危险图纳入规划设计过程。因为法定的控制性详规图的比例尺是1/500，如果地震危险区划图是1/10万，两个图就对不上，应认真进行地质勘测后调整。

四、从高环境冲击型的城镇化转向低环境冲击型的城镇化

（一）理解我国环境问题的要点

1. 城市与自然界最大的差别在于城市的降解功能过弱，而生产和消费功能过强，所以城市对周边环境的冲击极大。发达国家城市的"生态脚印"一般比自身面积大出几百倍甚至几千倍，而发展中国家有些以传统的服务业为主的城市其"生态脚印"只有10倍甚至几倍。城市的生态脚印就是指一个城市需要多么大的空间资源来支撑它的生存与发展。比如某城市占地100平方公里，但需要100倍的空间来支撑，其生态脚印就太大，如果只需要10倍，生态脚印就较小，对自然环境的干扰也就小多了。

2. 水危机实质上是城市的发展模式不恰当导致对原有水生态环境冲击过大，产生水生态危机。比如在我国流经城镇的河流70%

经常发生断流，80％是劣五类水体，完全丧失了水生态的功能。水生态有其自身的自净化规律，一旦受损超过临界点就难以恢复。

3. 人类社会要学会人与自然和谐相处，前提就是要使人类历史上最宏大的人工构筑物——城市与自然和谐共生，这就是低冲击开发模式（Low Impact Development）的理念。低冲击开发模式是20世纪90年代生态学家与规划师的共识。实际上，我国滇池、淮河就是用单一"工程思维"来治理，反而损害了水生态。

图 65　自然水生态系统

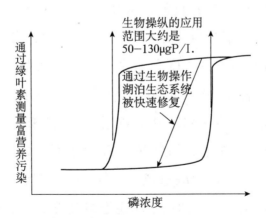

图 66　生物操纵对湖泊生态系统的影响

图 67　滇池蓝藻与淮河污染

（二）解决水危机和环境恶化的主要对策

1. 从单向治理向水生态整体修复优化转变。具体来说，一是提高污水处理费。据测算，只要污水处理费达到0.8元/吨以上，政府就不需要为污水处理厂掏一分钱，污水处理完全可以实现产业化。二是加快城镇污水收集管网的建设，在这方面中央财政实行以奖代拨的政策，每公里补贴 20 万～40 万元。三是年降雨量 500 毫米以上地区，全面推行雨污分流管网建设。因为污水厂进水 COD 浓度必须要达到 300 毫克/升以上，全国平均为 250 毫克/升，而德国平均为 700 毫克/升。如果COD700 毫克/升的污水进去，净化以后出来为 15 毫克/升，98％的 COD 被削减了。如果进水 COD 浓度是 200 毫克/升，而出来是 50 毫克/升，削减量仅为 3/4，但与前者相比消耗的能源一样，能效就不高。四是采用生态修复技术，全面治理河流、湖泊的污染。

2. 从重末端治理向侧重于源头治理转变。低冲击开发模式

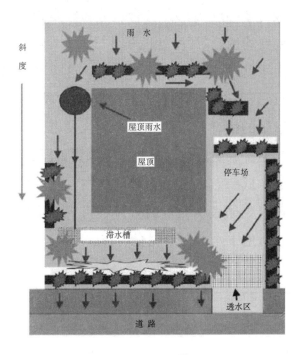

图68　低冲击开发模式

的原则是城市建成后与建成前相比，地表水径流的分布基本保持不变。为此，城市必须要扩大可渗透的面积，多途径进行雨水收集，多层次进行废水的循环利用，采取"不连接"作业，建筑屋顶储存雨水，紧接着建筑、小区、道路都分级储存雨水，一直到主干道底部储存雨水，每一步都是雨水储满以后再流到下一步。这样，一般30毫米～50毫米的雨量主街道不积水，更不会流到河道里去。只有大暴雨把储水空间都装满之后，雨水才会流入河道。

3. 从开发—排放单向利用向循环利用转变。国际水协早就提出污水处理设施建设必须遵循16字方针：适度规模、合理分布、深度处理、就地回用。"适度规模"指的是污水处理厂服务

人口规模一般为 20 万～50 万，"合理分布"是指污水处理厂在城市中的布局要均衡，"深度处理"是指污水处理后要达到 1 级 A 的标准，出水就可达到三类水的标准，这样就可以实现"就地回用"。垃圾处理方面，国际通行的是对垃圾进行分类以后，在土地资源紧张的情况下，优先选择焚烧发电。现在有了等离子焚烧工艺，使排放更清洁。从成本上来讲，"填埋＋填埋气利用"方式的成本低一点，但是温室气体中温室效应最强的甲烷通过焚烧处理得更彻底。而且后者流程可控性更好，废弃物直接减量更多，对地下水的污染完全可控。

表 5　垃圾焚烧与填埋比较

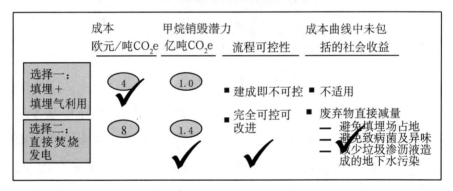

4. 从简单地对洪水截排向与洪水和谐相处转变。这在世界上有很成功的案例。我国对流经城市的河道"客水"的治理，已有一套较成熟的办法，但是对"主水"造成的内涝的治理仍面临众多的难题。我国城市内涝频发的主要原因就是排水管网的标准太低，因为我国缺乏 13 世纪欧洲黑死病的教训，在这方面的建设不足。其次是因为雨污合流，导致水中的杂质在管网中沉淀，再加上城市表面的可渗透面积缩小，不能有效储存雨水。再次是缺乏交通和排涝的一体化设计。中国台湾作家龙应台早年曾这样描述发达国家与发展中国家的区别："最好来一场倾盆大雨，足足下它三小时。交通虽慢却不堵塞，街道虽滑却不积水的，多半是发达国家，反之，大概都是发展中国家。原因很简单，后者或许有钱建造高楼大厦，却没有心力去发展下水道，下水道看不见。"马来西亚吉隆坡 SMART 隧道（Stormwater Management and Road Tunnel，暴雨管理和道路隧道的简称）是世界上第一条具有行车和行洪双重功能的隧道，工程总造价约 5 亿美元。该隧道长 9.7 千米，连接克朗河与安庞河的汇合处和 Kerayong 河，洪水经该隧道排入 Taman Desa 水库，然后再排入 Kerayong 河，从而降低 Jalan Tun Perak 大桥洪水水位，阻止溢水的发生。隧道道路出入口连接市中心交通最繁忙的三条道路，即空军基地附近的 Jalan Sungai Besi，Berjaya 附近的 Jalan Sultan Ismail 时代广场和 RHB 工业设施对面的 Jalan Tun Razak。SMART 项目内径 11.83 米，设有两层道路路面板，根据气候情况按照三种模式运营。第一模式为无暴风雨或低降水量的正常模式，该模式下没有洪水分流到该系统，隧道用于分流交通。当中等洪灾时，启动第二模式，下层空间交通关闭，用于洪水分流，上层空间继续用于交通。当遇大型暴雨时，第三模式运营启动，道路段交通全面关闭，隧道上、下两层全部用于行洪。该模式很好地解决了强降雨和人口稠密地区防洪和交通疏解的问题，对我国南方的大城市如广州应对类似问题具有很好的借鉴意义。最后一个原因，是有的城市简单地对流向河道的排污口进行封堵，或者进行截污纳管，

没有进行雨污分流的管网建设。这样一来，当暴雨来临时，就会因排水不畅而造成内涝。

5. 从水环境低冲击向综合性低冲击模式转变。城市建设不仅应对水环境是低冲击的，对任何生态、文化环境因素都应是低冲击的。例如，采取"紫线管制"对传统古建筑群、历史街区、历史文化遗产、古代墓葬群、古城镇遗址等都予以保护，减少城市发展对其的冲击；采用"绿线管制"减少对森林植被、湿地、水源地和公园绿地的冲击；采用"蓝线管制"减少对水系、江河湖海景观带的冲击；采用"黄线管制"就是将具有负外部性的重大基础设施项目（如污水厂、污水泵站、垃圾场、垃圾焚烧站、公交场站等）所需的空间控制起来。本质上讲，生态城市的规划建设就是从绿色建筑、绿色交通、绿色产业等方面入手进行系统治理，减少城市对环境的干扰。所以说生态城市就是一种低冲击的城市开发模式。

6. 从城市低冲击向区域整体低冲击发展模式转变。绿道就是一个很好的例子。绿道网作为城乡、区域生态网络系统的重要组成部分，由众多区域绿道、城市绿道和社区绿道组成，集

图69　库里蒂巴市的治洪理念

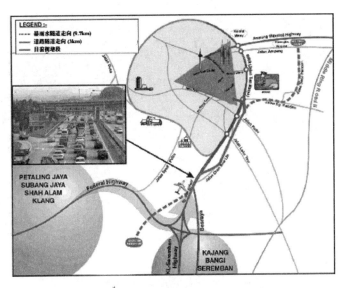

图 70 马来西亚吉隆坡的 SMART 项目

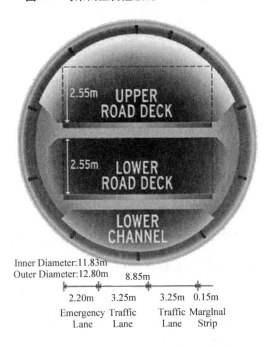

图 71 马来西亚吉隆坡 SMART 项目隧道截面示意图

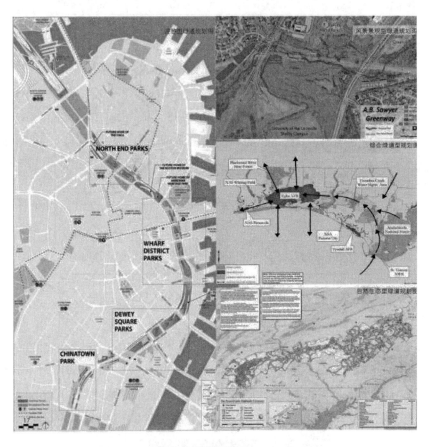

图 72　绿道网建设

环保、运动、休闲、旅游等功能于一体，是将保护生态、改善民生与发展经济完美结合的有效载体。这就形成了区域整体的低冲击开发模式，并实现了大地景观化。20世纪末美国规划师提出的都市景观主义（New Landscape Urbanism），即后工业化时代大地景观化的思路，而且现在进行绿道网建设正是时候，如果再迟了，有许多敏感的生态资源和文化遗产就会消失。

五、从放任式机动化相结合的城镇化转向集约式机动化的城镇化

（一）理解我国机动化与城镇化相互作用的要点

1. 机动化能够为城市化"塑形"。我国机动化与城镇化同步发生（与美国一致），极有可能出现城市蔓延。美国在100年间的城市化进程中，城市人口空间密度下降了三倍之多，不仅大量耕地受到破坏，而且一个美国人因依赖私家车出行所耗的汽油比欧洲多出五倍。我国目前城市人口密度基本维持在平均每平方公里10 000人左右，属于紧凑式发展模式。防止我国出现郊区化是城镇化后期的决策要点，安全畅通的绿色交通是确保"紧凑型"城市的不二法门。

235

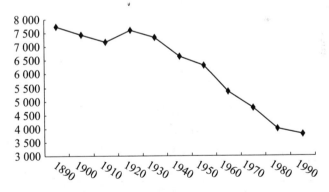

图73　美国城市人口密度变化情况（人/平方英里）

2. 机动化有"锁定效应"，一旦人们习惯于使用私家车出行，再投资公共交通就可能"无人问津"。

3. 仅靠增加道路供给不能解决大城市日益严重的交通拥堵

问题，所以必须转向需求侧管理，这是一个共识。比如洛杉矶，当时为了让城市适应汽车，35％的土地用于交通设施建设，但是洛杉矶仍是世界上堵车最严重的城市，而且尾气的排放成为城市空气污染最主要的因素。所以，城市特别是大城市的交通空间是一种稀缺资源，而且越是城市中心空间越稀缺，空间资源应该得到公平的分配。一个很重要的概念是，私家车、自行车占用的空间完全不同，静止时相差已经很大，运动时所需空间还将成倍提高。美国麻省理工学院实验结果表明，处于运动状态的私家车所需空间约为自行车的20倍，所以，城市交通中有一个很有意思的现象，即主干道六车道的每小时通过的人数常常还不如辅道上自行车道的通过人数，这个结果是许多人没有想到的。

表6 大都市区驾车人每年因交通拥堵平均所耗时间

排序	都市名称	小时
1	洛杉矶	72
2	旧金山	60
2	华盛顿	60
2	亚特兰大	60
5	达拉斯—福特沃斯	58
6	圣地亚哥	57
7	休斯顿	56
8	底特律	54
8	加州圣何塞	54
8	奥兰多	54
11	迈阿密	50
11	丹佛	50

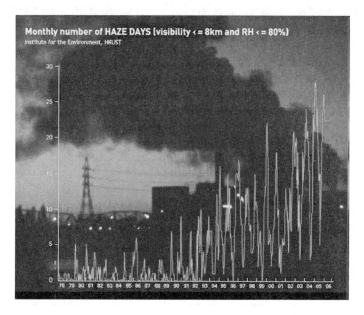

图 74　香港有霾害天发生频率

237

（二）解决城镇化、机动化问题的决策要点

1. 从交通资源供给转向需求管理。需求管理应该成为我国大城市解决拥堵问题的主导思路。以北京与上海相比较，北京对家庭拥有小汽车采取放开的方式，而上海采取严格控制的政策。统计表明，2009 年北京每百人私家车保有量是15.8辆，上海为每百人 4.5 辆，而上海的人口更多、人均可支配收入相对更高，其结果是上海因汽车尾气所导致的空气污染程度更低，而交通可控性更强。实践证明，城市采取不同的交通需求管理思路其效果是不一样的。需求管理有几条最基本的策略：一是减少内城停车位、提高停车费，如伦敦、米兰、新加坡等在城市中心区划出一个收费区，小汽车高峰期进入就要收费，这样

就使得中心区的交通流量大为减少，引导更多的人使用公交车、自行车等交通工具；二是增加公交专用道与步行街；三是收取车辆牌照费；四是增加"无车日"天数；五是按"单双号"或不同编号车牌出行。

表7　北京与上海车辆保有量比较

年份	北京		上海	
	人均可支配收入	每百人私人汽车保有量	人均可支配收入	每百人私人汽车保有量
2001	11 757.8	4.5	12 883.0	0.5
2002	12 463.9	5.7	13 250.0	0.9
2003	13 882.0	7.4	14 867.0	0.9
2004	15 673.0	8.4	16 683.0	1.8
2005	17 653.0	9.7	18 645.0	2.3
2009	26 738.0	15.8	28 838.0	4.5

2. 从一般公共交通转向大容量宜人化公共交通。一是建设BRT系统实现"双零换乘"。二是引进爬坡能力更强，转弯半径更小的直线电机新型地铁，广州的4号线列车采用的就是直线电机驱动，而直线电机机车底盘低和隧道挖掘的半径可减小1/5，造价还可以进一步下降。三是建设中低速磁悬浮交通系统。美国麻省理工学院试验表明，中低速磁悬浮理论运力是每小时10 000多人，与轻轨的运力相当，但是造价却比轻轨更低，噪音也低很多，将来可以直接利用可再生能源，所以中低速磁悬浮是城市公共交通的一个发展方向。四是发展个人快速公交系统（PRT），PRT是将来唯一可以跟私人小轿车相媲美的公共交通系统。

图 75　BRT 公交系统与双零换乘

图 76　直线电机新型地铁

图 77　中低速磁悬浮、PRT

表8 不同运输模式的运力和成本比较

模式	单向每小时载客（1000人）		成本 M$/mile
	理论	预计	
M3磁悬浮，双向	12—18	8—12	25—40
重轨	6—90	6—50	175—200
轻轨	2—20	1—10	50—70
APM—市内			100—120
APM—机场			100—150
BRT配电通道	0.5—16	1—11	14—25
PRT单向	3.6—43	1—9	20—35
PRT双向	3.6—43	1—9	30—50

3. 从单纯考虑快行系统转向慢行系统与快行公交系统并重。比较各种机动化工具的能耗，可以看出不同机动化工具的能耗差异极大。尤其是电动自行车的能耗只有摩托车的1/8，小汽车的十几分之一，所以，在支持电动汽车发展的同时也要支持电动自行车的发展。在大中城市发展电动自行车比发展电动汽车意义更大，关键在于电动自行车不仅能耗低，而且其空间利用效率是电动汽车的20倍。如果再与可再生能源相结合，通过太阳能充电桩为电动自行车充电，电动自行车的适用范围就更大。

表9 各种机动化工具能耗比较

机动化工具	每人公里能源消耗（以公共汽车单车为1）
自行车	0
电动自行车	0.73
摩托车	5.6
小汽车	8.1
公共汽车（单车）	1
公共汽车（专用道）	0.8
地铁	0.5
轻轨	0.45
有轨电车	0.4

图78　与可再生能源相结合的电动车供电系统

241

4. 城市综合交通转向区域综合轨道交通。规划建设绿道、城际轨道交通将促进这种转变。与高速公路相比，同等运量时，铁路的能耗节约 20 倍左右，用地节约 30 倍左右。所以，轨道交通代替高速公路是我国交通发展的必然趋势。下一步还要发展中低速磁悬浮来替代铁道，再以公共交通导向型发展模式（Transit-oriented Development）和生态新城群规划来优化"轨道"规划，一般而言，可在轨道的交叉点布局生态城建设。丘吉尔在二次世界大战时预料到战后大量的军人复员需要安置，于是提出了"新城计划"，在伦敦等大城市之外规划建设 30 多个新城，减缓大城市的人口压力。我国也要布局"生态新城计划"。通过"腾笼换鸟"，利用废弃的老工业区和荒山坡地规划建设生态城，并通过轨道交通连接，以疏解大城市主城区的人

图79　中新天津生态城总体规划

口压力。从全国范围来看估计要规划建设上百个生态城，这些生态城必须与轨道交通体系紧密结合，每个生态城市人口规模平均为50万。在此基础上，引入交通导向新城镇开发模式，使得站点周边土地因交通可达性的优化而增值，增值部分收回再用于轨道交通建设，达到收支的良性循环，估计70%左右的投资可以实现平衡。TOD是美国人提出的概念，因为美国实行土地私有化制度，此模式的效果在美国很局限，在我国却是可行的，所以，应该大力倡导发展TOD。

六、从少数人先富的城镇化转向社会和谐的城镇化

（一）理解城镇化社会问题的要点

1. 城镇化不能只关注经济效益，中后期更要侧重于社会效益。最近世行报告指出，美国5％的人口掌握了60％的财富，而我国1％的家庭掌握了全国41.4％的财富，财富集中度超过美国。有的省区如新疆最富裕地区的人均GDP与最贫困地区相差10多倍，成为影响社会稳定的重要因素之一。

2. 因城市某些行业具有垄断性，我国行业之间的工资收入差距已达15倍。另有调查表明，我国收入最高的10％人群与收入最低的10％人群的收入差距，已从1988年的7.3倍上升到2007年的23倍，我国的基尼系数一直呈快速上升的趋势。

3. 过高的"维稳"成本在将来难以为继。

（二）解决城镇化中贫富分化问题的决策要点

1. 从对劳动力流动的放任不管转向有序"进城"（积分式）申请落户及（轮候式）解决保障房入住问题。积分式、轮候式的实行让人们能够看到希望，有希望就有干劲。刑法是治恶，这两个制度是扬善，社会和谐需要同时采取扬善和治恶两个方面的策略。

243

244

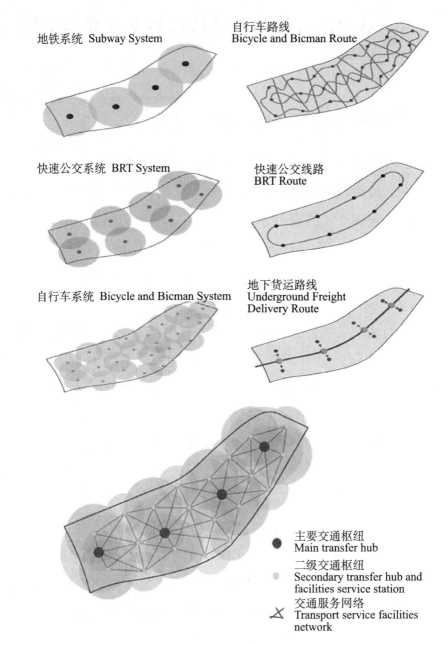

地铁系统 Subway System

自行车路线
Bicycle and Bicman Route

快速公交系统 BRT System

快速公交线路
BRT Route

自行车系统 Bicycle and Bicman System

地下货运路线
Underground Freight
Delivery Route

主要交通枢纽
Main transfer hub

二级交通枢纽
Secondary transfer hub and
facilities service station

交通服务网络
Transport service facilities
network

图 80　公共交通导向型发展模式（TOD）

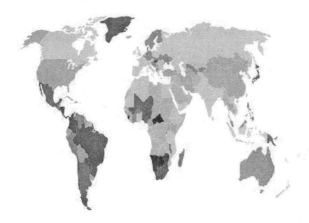

Color	Gini coefficient
	<0.25
	0.25~0.29
	0.30~0.34
	0.35~0.39
	0.40~0.44
	0.45~0.49
	0.50~0.54
	0.55~0.59
	>0.60
	NA

图81　不同国家或地区的基尼系数

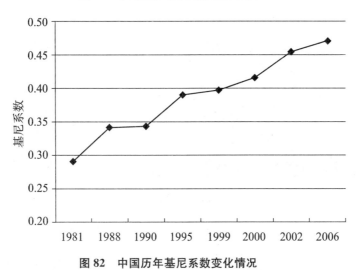

图82　中国历年基尼系数变化情况

2. 在强化扶贫的同时，推广各阶层混合的居住模式，加大保障房与商品房配建的力度。这方面法国的教训很深刻，法国由于各种族之间居住区相互隔离，导致社会不稳定，最后出现了严重的骚乱。

3. 强化对农民工的技能训练和职业教育。提供廉价、平等的再培训机会，加快岗位流动，缓解打工者"单调枯燥的工作

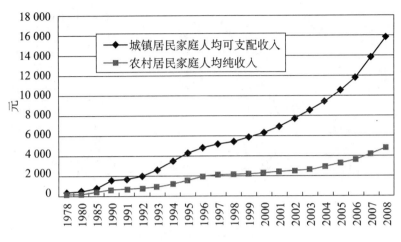

图 83　城乡收入差距变化

图 84　2005 年法国骚乱

与丰富多彩的现代媒体"之间冲突引发的心理压力。农民从一个非常单纯的、传统的农村社会环境进入一个现代的多样化的城市社会环境，心理压力会很大，会产生心理上的冲突，如果再加上工作岗位的枯燥，心理上就容易出问题，在欧洲国家城镇化过程中很早就出现过此类问题。卓别林在电影《摩登时代》中扮演一个心理扭曲的工人角色，那个时代媒体还没有现在这么丰富，现在在工厂流水线上的打工者工作仍然像卓别林时代那样单调，但是媒体生活却比卓别林时代丰富了许多倍，这导致现在的打工者比卓别林时代的心理扭曲更大。这也就解释了为什么青年农民在老家收入很低但很少有心理障碍，但进城打工后心理障碍反而上升的原因。

4. 从上到下建立顾及全体农民工利益的平等参与的群众协会，为农民工与低收入者提供心理服务与生涯设计，新加坡在这方面有很好的经验可资借鉴。为了各民族的融合和谐，新加坡成立了由总理任会长的"人民协会"，该协会在各居民点、基层社区都建有分会，专事了解民情，为百姓排忧解难。

5. 适时出台"房产持有环节税"或"空置税"，防止不同收入阶层在空间占有的不平等进一步加剧。一国的城镇化在某种意义上等于是全民参股的公司化运动，地产的增值应让全体人民分享，如果没有房产持有环节税——如物业税等进行调节，投机炒房、少数人占有城市优质空间，就会造成城市空间分配严重不均，这样一来社会阶层分化加剧就难以避免了。

6. 建立在全国范围内可流通的农民工社会保障体系，让农民工方便地带着社保流动。

7. 全面推行数字城管。要在城市推行数字化管理，再造城市各阶层的"共生"。从下而上形成城市健康的细胞——社区，是社会和谐的基础。不管有多少城市专业管理部门，通过数字化人民群众可以评价政府各部门的快速反应、服务水平和绩效，公开进行评分，实现社会管理创新的目标。社会管理的创新在城市，难点也在城市。从农村可以看到，知识素养比较低的农民，通过这样一种选择来造就社区环境最佳的模式，再加上12345市民电话重塑市民作为城市主人的权利，城市的数字化

247

图 85　数字化网格管理

管理模式，使社会系统和空间管理系统能够产生一种自上而下的微调控的城市管理模式。

　　总之，这六个方面的转型既是"新型城镇化"的核心内容，也是"生态城"规划建设的关键工程。日本在转型的过程中仅"节能减排"就提供了 60％以上的 GDP 增加值。由此可见，新型城镇化对各地的新机遇就是：城乡环境最优美的协调发展模式，全国最具竞争力的城市群和创新基地，全国最为密集的生态城市集群，全球人均能耗和碳排放最低的区域发展模式。

农民工市民化与公共服务制度创新

韩 俊

农民工是改革开放进程中成长起来的一支新型劳动大军，是现代产业工人的组成部分，是我国现代化建设的重要力量。农民工队伍的产生和壮大，为加快工业化和城镇化进程，改变城乡二元结构作出了巨大的贡献。进一步做好新时期的农民工工作，确保农民工共享改革发展成果，迫切需要以吸纳农民工进城定居、稳步推进农民工市民化为方向，推进城市基本公共服务由对本地户籍人口提供向包括农民工在内的所有常住人口提供转变，逐步实现农民工在就业居住地平等享有各项基本公共服务，加快建立健全符合国情的均等化基本公共服务制度。

一、关于农民工问题的有关背景

（一）农民工概念的提出

农民工是我国经济社会转型时期的特殊概念，与我国特有的户籍管理制度相联系。从 20 世纪 50 年代后期开始，我国实行城乡分治的户籍管理制度，因为户籍制度至今并没有根本改革，所以，虽然大量农民转入了二、三产业和城镇，但他们的户籍仍是农业户口，农民的身份没有变，由此产生了"农民工"这个概念。2005 年，魏礼群[①]同志和韩长赋[②]同志负责牵头起草《国务院关于解决农民工问题的若干意见》（国发 [2006] 5

---

* 本文是国务院发展研究中心副主任韩俊同志 2012 年 9 月 4 日在国家行政学院省部级领导干部推进城镇化建设专题研讨班上的授课内容。
　① 时任国务院研究室主任，现任全国政协文史和学习委员会副主任。
　② 时任国务院研究室副主任，现任农业部部长。

号）。我们参与了这项工作，当时查阅了大量文献，要搞清楚农民工这个词是怎么来的。最后查到，1984 年中国社会科学院出版的《社会学研究》杂志中有一篇文章第一次使用了"农民工"这个概念。在之前没有这个提法，在国外也没有这个说法。这个概念其实当时也没有一个严格的界定。农民工这个群体非常复杂，笼统地讲，这个概念与我国特有的户籍制度是联系在一起的。广义的农民工包括在县域内二、三产业就业人员和跨地区外出务工人员。狭义的农民工一般是指跨地区外出务工人员。根据国家统计局公布的 2011 年的监测数据，我国农民工广义的总量是 2.53 亿。其中外出农民工 1.59 亿人，外出指的是在本乡镇地域以外从事 6 个月及以上非农产业活动；本地农民工9 415万人，本地指的是在本乡镇从事 6 个月及以上非农产业活动，6 个月以下的都不算。这是目前我国农民工的统计制度规定的。

关于农民工的统计制度，可以说目前还很不健全。国家统计局主要是以流出地的抽样调查为主，抽样调查范围覆盖到全国 899 个调查县、7 500 多个村庄。国家人口和计划生育委员会自 2009 年以来也开展了对流动人口的监测调查，它是随机调查，一开始有 5 个城市，现在的覆盖面已经很广了，样本的总量已经达到 12 万人口。农业部也有全国农村固定观察点，每年调查 20 084 个村庄，也公布相关的数据。农业部使用的口径更宽，调查口径是在本乡镇以外从事非农产业 3 个月以上。在这方面的统计数据还有公安部的暂住人口登记数据。

第六次全国人口普查①表明，我国流动人口总数达 2.21 亿人，比 2000 年增长 1 亿人。现在最大的问题是我们在流入地没有建立一个对流动人口或者是农民工的比较健全的监测调查制度，不能完整反映农民工及其家庭在城镇的就业和生活信息。最近几年有关部门一直试图建立起这个制度，但是目前来讲可以说还是很不完善。

对"农民工"的这个称呼，各界一直有一些争议。当时在讨论"十二五"规划纲要的时候，我参加了专家委员会的一些讨论。我记得一位老同志讲到，如果"十二五"规划中不再用"农民工"这个词，而用一个新的术语，那将是一个很大的进步。但是讨论了这么多年，现在也没有提出一个大家都可以接受的新叫法来。去年以来，最大的劳务输入省和最大的劳务输出省的两位省委书记对这个问题的表态引起了社会关注。汪洋②同志讲，广东要加快研究并适时出台取消"农民工"称谓的政策措施。卢展工③同志也非常明确地讲，工农商学兵，是以职业来划分的，"农民工"这个称呼是对农民一种极大的不公，呼吁尽量不要再用"农民工"这个概念。

现在的中央文件里面，已经开始使用"农业转移人口"和"外出务工就业人员"等称呼，有时候是交叉着使用。但"农民工"这个词还在继续使用。有一个问题值得思考，即第一代农民工与农村联系还很密切，第二代农民工大部分都不种地了，

---

① 第六次全国人口普查的标准时点为 2010 年 11 月 1 日零时。
② 中央政治局委员，广东省委书记。
③ 河南省委书记。

尤其是 90 后的，很多就是在城市生的，在城市长大的，再叫他们新生代农民工，他们都不以为然。我认为，"农民工"这个称呼不要延续到第三代。一定要想办法在第二代给农民工摘掉农民的帽子，把"农民工"这个称呼慢慢地改掉。

（二）新中国成立以来流动人口政策的演变

人口流动自古有之，是普遍现象。流动人口管理政策既要适应一定时期流动人口的发展趋势，又要契合政府的经济社会管理目标，不断进行适应性调整。新中国成立以来，我国流动人口管理政策演变总体上可以划分为五个阶段：

第一阶段（1949—1957 年）：允许自由迁徙。1949 年 9 月中国人民政治协商会议第一届全体会议通过的起临时宪法作用的《中国人民政治协商会议共同纲领》第五条把自由迁徙作为公民的 11 项自由权之一。1954 年 9 月第一届全国人民代表大会第一次会议通过的第一部《中华人民共和国宪法》明确规定"中华人民共和国公民有居住和迁徙的自由"。这一时期城乡居民的居住和迁徙是自由的，对居民的迁出迁入只要求办理手续，没有附加限制条件。

第二阶段（1958—1978 年）：严格禁止流动。随着新中国成立后流动人口大量进入城市，给城市造成很大压力，国家开始劝退农民回乡。1957 年底中央提出制止农村人口盲目外流，1958 年初颁布了《中华人民共和国户口登记条例》，并逐步形成了一系列严格的户籍管理制度。这一时期，国家严格控制农村人口进入城市，城乡之间正常的人口流动都很少。

第三阶段（改革开放初期—20世纪90年代初）：限制流动。这一时期对人口流动的政策逐步放宽，政策基调是消除农民"离土"的限制，允许农民"离土不离乡，进厂不进城"，大量农村富余劳动力进入乡镇企业转移就业，并开始往城市流动，但以省内流动为主。

第四阶段（20世纪90年代初—21世纪初）：允许流动。这一时期对人口流动的政策进一步放宽，流动人口服务工作开始受到重视，政策基调是消除农民"离乡"的限制，允许农民跨地区流动和进城打工。1995年中共中央办公厅、国务院办公厅转发了《中央社会治安综合治理委员会关于加强流动人口管理工作的意见》，并提出"因势利导，宏观调控，加强管理，兴利除弊"的工作方针，明确要求各地区各部门切实掌握人口流动情况，控制流动规模，引导有序流动，发挥人口流动的积极作用，保护流动人口的合法权益，预防和打击其中的违法犯罪活动，维护社会治安和管理秩序。1997年，根据中央要求，中央综治委下设了流动人口治安管理工作领导小组，负责统筹协调指导全国流动人口工作。

第五阶段（党的十六大以来）：鼓励有序流动和逐步稳定下来。这一时期，党和政府更加重视流动人口服务管理工作，确立了"公平对待，搞好服务，合理引导，完善管理"的工作方针，提出并出台了一系列政策措施。各地区各部门认真落实中央精神，流动人口服务管理工作取得了明显成效，公共就业服务体系不断健全，权益保护工作取得积极进展，子女教育问题受到重视，社会保障从无到有，卫生服务和计生服务不断完善，

255

在城镇落户定居工作积极稳妥推进，各项基础性工作进一步加强。

（三）农民工对我国经济社会发展的重大贡献

改革开放 30 多年来，农民工为我国深化改革、扩大开放、推动科学发展、加快工业化和城镇化进程、推进社会主义新农村建设，做出了特殊的历史贡献。农民工群体的出现，正在改变中国的经济社会基本格局，并将对未来经济社会发展产生全局性、战略性、历史性的影响。

1. 促进了我国工业化的快速发展。农民工在传统体制之外开辟了一条工农之间、城乡之间生产要素流动的新通道，为城市二、三产业发展提供了源源不断的低成本劳动力，满足了工业化进程加快对劳动力的需求。农民工的大量进入，填补了制造业、建筑业、餐饮业和服务业等劳动力密集型产业的岗位空缺。目前，农民工占我国建筑业劳动力的 90%，煤矿采掘业的 80%，纺织服装业的 60%，城市一般服务业的 50%，已经成为产业工人的主力军。入世以后，较低成本的劳动力优势成为我国获取和保持国际竞争力的重要基础，为我国把握机遇、承接国际产业转移创造了条件，使我国迅速成为"世界工厂"。

2. 支撑了我国城镇化的快速发展。从第五次人口普查开始，我国将进城就业、居住半年以上的流动人口（主体是农民工）计入城镇常住人口。按照这一口径计算，目前，不到 4 个城镇常住人口中就有 1 个是外来流动人口。这说明，近年来我国城镇化水平的提高主要是依靠农民工进城就业。

3. 推动了改革的不断深化。农民工跨地区流动就业蕴含着深刻的体制变革因素，是推动改革的重要力量。农民工的巨大浪潮冲破了劳动力市场的城乡界限、地域界限和部门界限，促进了我国劳动力市场的发育，促进了劳动用工制度的改革，促进了通过市场合理配置劳动力资源机制的形成。蔚为壮观的"民工潮"也为繁荣市场、搞活经济、扩大开放发挥了重要作用，从而整体上推动了市场经济的全面发展。农民工大规模、大范围跨区域流动，增强了整个社会的生机和活力，极大地推动了政府职能和管理方式的转变。在解决农民工问题中，各级政府的职能定位、管理理念、行为方式也都悄然发生变化，传统的户籍制度、劳动就业制度和社会保障制度正在发生积极变革，农民进城务工成为冲击城乡二元结构的重要力量。

4. 带动了农业、农村和落后地区的发展。农民工一头连着农村，一头连着城市，促进了城乡之间劳动力和资金双向流动，既推动了城市经济的发展，也为农村经济发展注入了新的活力。外出务工已成为农民增加收入的重要来源。农民工工资收入的持续增长，已经成为缩小城乡收入分配差距的重要途径，对于逐步提高居民收入在国民收入分配中的比重和劳动报酬在初次分配中的比重也发挥了重要作用。在城市就业的农民工适应了现代生产方式的管理模式，开阔了视野，积累了经验，提升了农村人力资本水平。一批批进城务工的农民，带着资金技术回乡创业，成为农村经济发展的一支新生力量。近年来，农民工在东部地区就业增长放缓，在中西部地区和省内就业增长加快，出现了从东部地区向中西部地区回流的趋势，初步形成了"输出劳务—积累生产要素—返乡创业"的发展模式，使落后地区获得了发展的外源力量和造血功能，推动了不发达地区乡镇企业和县域经济的壮大。农民外出务工减少了单位土地面积上的劳动人数，为促进农业规模经营、提高农业劳动生产率、发展现代农业创造了必要条件。

5. 推动了我国社会结构转型。社会结构的不断分化与整合是社会发展和现代化的主要内容和根本动力。改革开放前，我国农村社会是一个"超稳定结构"：经济上的均贫、政治上的同质、文化上的单一和社会上的封闭。除了参军、升学、招工等形式外，城乡之间的人员流动基本被隔绝，农村社会的流动性严重不足。农民工的产生和发展，使农村人口的流动性越来越强，无论是从职业角度，还是拥有经济资源角度，农民已经不再是原来意义上的农民，农民不再是一致的均质性社会群体，农村也不再是单一的同构性社会。大规模农民工群体进城就业不仅让农民更好地认识了城市，也让城市能近距离接触农民，加强了城乡之间全方位的交往。农民工在城镇稳定就业和稳定居住，有利于社会成员向更高社会阶层流动，逐步形成较为稳定的两头小、中间大的橄榄型社会结构，促进我国由传统的农业社会加快向现代社会转变。

(四) 解决好农民工发展问题关乎现代化的成败

世界各国现代化过程中最基本的人口变动特征是农民进城

转变为产业工人和市民。我国长期以来实行城乡分治，农民虽已进城务工经商，但农民的身份没有变，未被城市认同接纳为城市居民，于是出现了大批农民工。农民工现象无疑是中国的特色，是中国经济社会结构转型过程中需要解决的基本问题。中国农村人口向非农产业和城镇转移数量之多，是世界上任何一个国家所没有过的。解决农民工问题需要较长时期的历史进程。中国作为后发型发展大国，要完成发达国家历经上百年才走完的农村人口转移和现代化路程，既要充分借鉴国外的经验教训，又必须紧密结合国情和时代特征，积极探索有中国特色的农村劳动力转移道路。

从国际比较角度看，我国农村劳动力转移道路具有三个鲜明的特征：一是"就业带动"。坚持统筹城乡就业，鼓励农民工就近就地转移，引导农民工外出务工就业，扶持农民工创业，在确保农民工获得相对稳定就业机会的基础上稳步推进城镇化进程。二是"保障地权"。坚持依法保障农民的土地承包经营权，让农民既进得了城，又回得了乡，能够在城乡间双向流动、进退有据，不会既失业又失地，确保在农业不衰退、农村不凋敝、农民不破产的情况下推进工业化、城镇化进程。三是"渐进转移"。坚持分阶段促进农村劳动力转移就业和融入城市，确保农村人口转移和城镇化有序推进。

农民工问题涉及几亿农业人口转入非农产业的社会经济结构变迁，涉及几亿人生产方式和生活方式的转变，不仅直接关系到从根本上解决农业和农民问题，也关系到工业化、城镇化乃至整个现代化的健康发展，关系到从城乡二元经济结构向现

代社会经济结构转变，关系到改革发展稳定的全局。亿万农民工是成为一个总体稳定的群体，还是演变为一个流动不定、动荡不安的群体；是成为一个良性发展的群体，还是演变为恶性循环、没有出路的群体；是成为一个健康有序的群体，还是演变为缺乏关爱、缺少管理的群体，是对党的执政能力和政府管理能力的重大挑战。深入贯彻落实科学发展观，进一步做好新时期的农民工工作，确保农民工共享改革发展成果，迫切需要从顶层设计上研究农民工问题，从制度上解决好农民工权益保障问题，把握和顺应农民工发展规律，并进行超前谋划，明确解决农民工问题的战略方向，制定和完善涉及农民工的全局性、前瞻性、整体性政策体系。

二、关于农民工市民化研究的主要发现

为了更好地了解农民工市民化的现状、问题、意愿和要求，国务院发展研究中心课题组于 2010 年 7—8 月份开展了以"农民工市民化"为主题的大型问卷调查及实地调研。问卷调查涉及安徽、湖北、江苏、山东、山西、浙江、重庆 7 个省市，共回收有效调查问卷 6 232 份。参与调查的农民工，以中东部地区来源为主，以本省转移就业为主，以制造业就业为主，男性占 49.6%，女性占 50.4%，平均年龄 29.14 岁，30 岁以下的新生代农民工占 66.9%。实地调研涉及重庆、武汉、郑州、合肥、嘉兴 5 个市，共调查企业 50 多家，召开各类型座谈会 20 余次。现将该项调查的一些重要发现介绍如下：

（一）农民工就业的稳定性得到显著提升，农民工流动呈现家庭化和长期化趋势

问卷调查表明，在就业选择上，51.8％的农民工选择了向城市单向流动，48.2％的农民工选择了城乡双向流动，且有27.7％的人把双向流动视为正常状态。这种选择反映了农民工流动的实际状况。据不同渠道的调查，金融危机时，短期内返乡的农民工占40％～50％左右，也证明了在经济不景气条件下，城乡双向流动对稳定农民工群体的重要性。换句话说，我们还不能把1亿多外出农民工看作在城市稳定就业的整体。为此，在农民工能够在城市扎下根来以前，在农民工能够和城镇居民享受同等待遇之前，要确保农民工家庭进退有据。同时，半数以上的农民工已在城镇稳定就业，他们已不再是传统意义上的流动人口，迫切需要健全与其就业方式相适应的社会管理制度。

根据我们的调查，有1/4的农民工是举家外出。统计局最新公布的2011年的数据显示，举家外出的农民工有3 279万人，占农民工总数的20.8％。我们的问卷调查表明，2010年，农民工外出打工的年数平均为7.01年，56.7％的人累计外出打工年数为5年以上，28.6％的人累计外出打工年数为10年以上[①]。农民工在同一城市就业和居住趋于稳定。我们的问卷调查表明，2010年，农民工在当前城市务工和停留的时间平均为

261

---

① 农民工外出务工就业长期化趋势也得到了其他调查的证实。如国家人口计生委2009年7月对北京、上海、深圳、成都、太原等地47 461名流动人口的调查表明，劳动年龄人口中平均在现居住地停留时间为5.3年，有一半的人停留时间超过4年，18.7％的人停留时间超过10年。

5.30 年，其中 40.7％的人在当前城市为 5 年以上，18.0％的人
为 10 年以上。农民工外出的时间越长，在一地稳定就业和居住
的可能性越大。平均而言，初次外出 2 年以后，农民工务工地
选择趋于稳定。

（二）新生代农民工成为主体，融入城市的意愿强烈

我们的问卷调查表明，尽管双向流动是当前农民工外出务
工的基本特征，但他们在城镇稳定就业和定居的意愿却十分强
烈。我们以"假如不提供城镇户口，你愿意留在城里吗"来测
量农民工定居城镇的意愿。结果发现 79.5％的农民工都选择留
在城市，只有 20.5％的农民工表示干几年再回去。后者主要是
年纪较大的农民工。只有 18.3％的 30 岁以下新生代农民工选
择可能返乡，而有 25％的 40 岁以上老一代农民工选择可能返
乡。也就是说，八成农民工无论如何都会选择在城镇留下就业
和居住，他们进城的选择与户籍制度是否改变无关。

20 世纪六七十年代"婴儿潮"时期出生的进城农民工已步
入中年，并逐步退出城市，他们的子女即新生代农民工开始成
为农民工的主要构成。目前，上世纪 80 年代以后出生的、年满
16 周岁以上的青年农民工已经超过 1 亿人。调查表明，新生代
农民工中，高达 79.2％的人没有从事过农业生产，他们的就业
技能已和二、三产业相适应，他们的生活方式已和城镇相融合，
回乡务农和定居的可能性不大。调查显示，愿意在各类城镇定
居的农民工高达 91.2％，愿意回农村定居的农民工只占 8.8％。
年龄越小的农民工，越不愿意回到农村。只有 7.7％的新生代

农民工愿意回农村定居，而老一代农民工的比例为 13.3%。这一选择意味着以新生代为主的农民工留在城镇已成为政策必须面对的紧迫事实。虽然在户籍上还是归属于农民，但他们中的多数人在城市成长甚至出生在城市，心理已经从上一代农民工的"城市过客"心态变成了"城市主体"心态。新生代农民工对土地的情结弱化，思想观念、生活习惯、行为方式已日趋城市化。新生代农民工代表着农民工的主流，渴望市民身份认同、待遇平等及融入城市，正发生由"亦工亦农"向"全职非农"转变，由"城乡双向流动"向"融入城市"转变，由"寻求谋生"向"追求平等"转变。

（三）农民工对定居城镇的选择是多元的

很多人都认为农民工在城里挣了钱，最终还要回到县城或小城镇去居住。但我们的调查结果表明，农民工进城定居的选择与就业路径高度一致，也就是说在哪里就业，将来就希望在哪里定居。愿意在地级以上大中城市定居的农民工占 53.2%，愿意在县城或小城镇定居的农民工占 38.0%，愿意回农村定居的农民工占8.8%。农民工进城定居的选择，与大中小城市和小城镇协调发展的城镇化路径高度一致。为此，应通过规划引导产业和城镇空间布局合理发展，注重发挥各类城市和小城镇的就业和人口吸纳能力。

（四）农民工的主要诉求是提高工资收入和改善各项公共服务

调查表明，农民工最希望政府做的事情有 8 个方面，依次

为：提高最低工资水平（占 65.90%），改善社会保险（占
37.70%），提供保障住房或廉租房（占 29.70%），改善医疗条
件（占 25.40%），改善工作和生活环境（占 24.20%），加强权
益保障（占 22.80%），改善子女教育条件（占 18.50%），提高
职业技能（占 12.00%）。

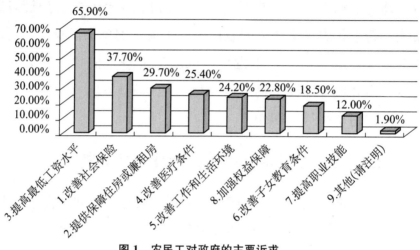

图 1　农民工对政府的主要诉求

1. 农民工工资水平较低，增加收入仍然是农民工最强烈的
要求。近年来，农民工工资持续增长，但相对水平仍然较低。
参与本次调查的农民工，2010 年上半年月平均工资为 1 719.83
元，只有全国城镇单位就业人员平均工资的一半左右，与城镇职
工的收入差距有继续扩大之势。从调查结果来看，11.3% 的农民
工月工资在 500～1 000 元之间，62.5% 的农民工在 1 000～2 000
元之间，24.8% 的农民工在 2 000～5 000 元之间，高收入比重
很低。

参与调查的农民工，其家庭在目前务工地每月的生活费支

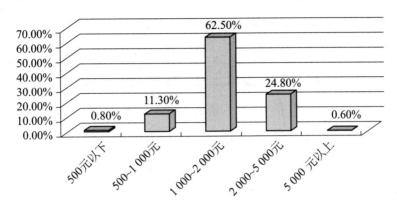

图2　农民工的月工资收入情况

出平均为 1 243.03 元，占个人月平均工资的 72%，占家庭纯收入①的一半左右。由于生活消费支出较高，农民工打工净结余不多。2009 年打工净结余平均为 7 843.94 元，寄回或带回老家的现金平均为 6 462.63 元。

由于农民工工资主要由基本工资和加班费构成，而基本工资和当地政府的最低工资标准接近。因此，农民工对于提高工资水平主要有两个期望：政府能持续合理提高最低工资标准；强化劳动权益保护，确保加班费能及时足额发放。

2. 农民工参加社会保险比率偏低，希望能灵活缴费和方便续转。国家统计局的调查显示，农民工除参加工伤保险比率略高外，参加其余城镇职工社会保险的比率均未超过 30%。我们的调查表明，农民工参保率普遍偏低，其中，既有农民工就业状态不稳定而难参保等客观存在的问题，也有用人单位怕参保

---

① 参与本次调查的农民工，2009 年的年家庭纯收入平均为 27 724 元，折合约 2 310 元/月。

增加人工成本、地方政府担心推进农民工参保会影响本地投资环境等主观方面的问题，还有现行制度不适合农民工方面的问题。

一是参保费率相对偏高。以武汉市为例，承担农民工各项社会保险，企业缴费约占工资总额的 31%（养老 20%，医疗 8%，失业 0.5%，计划生育 0.7%，工伤 0.5%~2%），个人达到 10%（养老 8%，医疗 2%）。这样，2010 年，一个农民工要交足各项职工保险，企业要支付 516 元/月，个人要支付 165.71 元/月。由于社保缴费基数是按上年度在岗职工平均工资 60%确定的，而农民工的平均工资低于城镇在岗职工平均工资，故此农民工实际缴费占到了当年月均工资的 12%左右，缴费负担对农民工来说是比较重的。企业调查表明，制造业的工资成本占 10%~15%左右，服务业的工资成本占 30%~35%左右。如果缴齐农民工社保，企业成本将增加 1.8%~6%左右，而许多中小企业的利润也就在 5%左右，缴费负担对企业来说也是比较重的。在农民工和企业都有避缴意愿的情况下，双方很容易达成行动上的一致。

二是尽管农村各项保险水平相对较低，但因为有政府补贴，受到广大农民的欢迎。以武汉为例，新农保个人缴费分 200~1 200 元/年六档，政府补贴 55 元，集体按个人标准 10%~50%补助，年满 60 岁的老人已可领取基础养老金 100 元/月；新农合人均筹资水平为 185 元，其中各级财政补贴 155 元，农村居民仅缴纳 30 元/年。这样户籍在武汉远城区的农民工多宁愿选择新农保和新农合，而不参加城镇职工养老（个人缴费 133.28 元/月）

和医疗保险（个人缴费 32.43 元/月）。按低标准计算，一年缴费可节省 1 782.52 元。

三是养老保险接续麻烦，多数农民工处在流动中，在一地缴够 15 年养老保险可能性不大。除去跨地接续的问题外，农民工多盼望新农保和城镇养老保险间也能实现接续。

四是医疗保险不能实现异地结算。由于新农合以县为单位统筹，参合农民工在务工地就医不能即时即报，住院费用补助率也较低，他们迫切希望能像银行"一卡通"那样，建立新农合的跨区域结算体系。

此外，农民工尚未纳入当地医疗救助体系。从计划生育看，农民工计划生育管理和服务经费已纳入流入地财政预算，免费享受"三查四术"（查孕、查病、查环、人流、引产、上环和结扎）和避孕药具，但手术补助和独生子女奖励政策仍在户籍地进行。目前，农民工仍被排斥在城镇低保救助体系之外。

问卷调查表明，社会保障问题已列到农民工最不满意的公共服务项目第三位，并成为农民工希望政府解决的仅次于工资收入的第二个问题。

3. 农民工对居住状况不满意，对保障性住房需求强烈。参与本次调查的农民工中，举家外出务工的占 25%，在目前城市的就业时间平均为 5.3 年，超过 10 年的约占 20%。但城市的保障性住房基本上不对农民工开放，各地政府对农民工在城市的住房实际上是放任自流，农民工居住条件总体较差。本次调查中，只有 18% 的农民工对务工地的居住情况表示很满意，65.7% 的人表示满意程度一般，12.3% 的人表示不满意，4% 的人表示非常不满意。

调查还表明，农民工意愿的房价和房租水平与现实水平差距巨大。对于那些想在务工地购房的农民工，能够承受的商品房单价平均为 2 214.04 元；能够承受的商品房总价平均为 21.82 万元，大大低于当地的实际房价水平。对于那些想在务工地租房的农民工，能够承受的月租金平均为 292.7 元，也大大低于当地的一般房租水平。

农民工对住房政策的要求也有鲜明的特点。本次调查中，22.9%的农民工期望政府建设专门的农民工公寓，20.1%的人期望政府放开购买政策性住房的限制，17.1%的人期望单位提供更舒适卫生的集体宿舍，16.3%的人期望单位提供住房补贴，12.6%的人期望单位缴纳住房公积金，11.1%的人期望政府改善外来人口集聚区的生活环境。

本次调查还发现，有四成农民工想在务工地定居并成为市民，这其中有 44.2%的人期望能购买经济适用房或两限房，12.3%的人期望能申请廉租房或公共租赁房，合计达到了 57%。即使对于那些想回家乡的城市（城镇）定居并成为市民的农民工，也有 31.6%的人期望能购买经济适用房或两限房，5.8%的人期望能申请廉租房或公共租赁房，合计接近四成。这说明，农民工对保障性住房需求强烈。

4. 农民工"看病难，看病贵"的问题突出。本次调查还表明，农民工在务工地的医疗卫生支出水平较高，平均每月支出

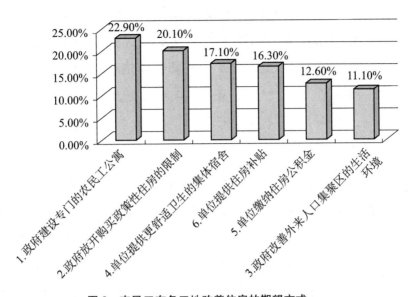

图3 农民工在务工地改善住房的期望方式

为99元①，折年（按外出务工10个月计算）约为990元，高于城镇居民家庭2009年医疗保健平均支出水平（856元），与中等偏上收入家庭支出水平相当。看病贵是农民工不敢看病的重要原因。

从调查情况来看，农民工对改善医疗卫生条件的愿望很强烈，主要有：降低医疗费用，能在务工地看病并就地报销，子女能平等享受卫生防疫等公共服务。

5. 农民工工作和生活环境总体较差，渴望丰富多彩的文化生活。由于农民工大多在劳动保护设施差的中小企业工作，很多还在职业病高发行业工作，工作条件总体较差。本次调查的

---

① 其中，32.4%的农民工家庭每月医疗支出在50元以下，24.1%的家庭为50～100元，27%的家庭为100～200元，13.7%的家庭为200～500元，2.8%的家庭每月医疗支出在500元以上。

农民工中，53.7％的人没有业余文化生活，60.9％的人务工企业没有文化娱乐设施。农民工的主要业余文化生活方式有：看电视（73％），上网（28.5％），在家里或宿舍休息（28.5％），聊天打发时光（20.1％），逛大街（18.8％），看报纸杂志（15.2％），学习培训（13.3％），工友一起打牌（12.2％）等，和外界的交流不多。

作为现代都市的一员，农民工也渴望丰富多彩的文化生活。他们最希望提供的文化服务依次为：免费的公园（39.2％），免费的文化站和图书馆（38.2％），免费上网（34.2％），组织农民工自己的文化体育活动（22.8％），免费的报纸杂志（20.6％），定期的文艺演出（17.9％），免费的体育场馆（16.70％），可供选择的免费电影票（13.80％），公共电视（13.60％），夜校（13.50％），开放社区公共设施（11.30％）。但由于城市公共文化服务没有很好地考虑到农民工，致使他们的文化需求得不到满足。

6. 农民工子女义务教育"两为主"政策落实情况参差不齐，接受平等义务教育和非义务教育成为新的诉求。本次调查表明，农民工子女在老家与随父母外出的基本上各占一半。其中，39.2％的农民工子女在务工地公办学校接受教育，9％在务工地民办学校接受教育，51.8％在老家的学校接受教育。从调查情况来看，"两为主"政策中，"以流入地为主"的政策执行较好，但"以公办学校为主"的政策执行情况参差不齐。武汉、郑州等外来农民工子女数量较少的中部地区，农民工子女在公办学校就读的比重在80％以上，但珠三角、长三角

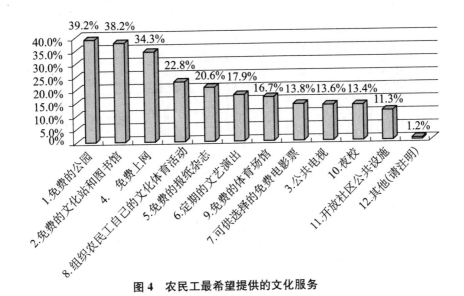

图4　农民工最希望提供的文化服务

等外来农民工子女数量多的地区，这一比重较低。即使在
"两为主"政策执行较好的地区，也存在对农民工子女的身份
歧视和群体性隔离等问题，农民工子女完全融入学校，接受
和城镇户籍学生一样的平等教育，还任重道远。

同时，非义务教育问题日益突出。从调查情况来看，农民
工子女在务工地参加中考、高考还受到不同限制，农民工子女
入园难、入托难的问题在近两年也比较严重。

参与本次调查的农民工，对于子女教育的期望依次为：
44.5%的人期望能提高老家学校的教学质量，41.6%的人期望
能在务工地公办学校接受教育，21.9%的人期望能参加务工地
的中考和高考，7.1%的人期望能在务工地民办学校接受教育。
而在实地调研中，平等教育、融入教育正在成为一些地方新的
更高的目标。

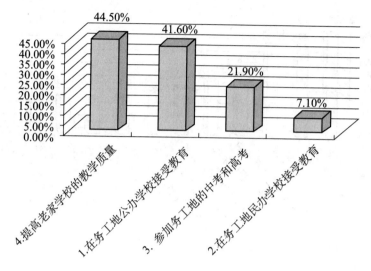

图5 农民工对子女教育的期望

（五）农民工不愿意以"双放弃"换取城镇户籍

一项政策的出台，要建立在充分尊重农民自主选择的基础上。问卷调查表明，农民工多不愿以置换的方式（土地换户口）来获取城镇居民身份。调查分析显示，在城镇化进程中，农民的土地不仅具备保障功能，而且表现出日益增值的财产功能。农民工并非完全不愿意退出土地，而是要求对土地具有更大的处置权。

首先，80%以上的农民工希望保留承包地。83.6%愿意进城定居的农民工希望保留老家承包地[①]，其中46.0%的人希望自家耕种，27.2%的人希望有偿流转，10.4%的人希望以入股分红

---

① 这个调查结果与中国社科院调查的八成农民工不愿放弃承包地转为非农户口高度吻合。

的方式处置承包地。只有 8.2% 的人表示愿意以土地换户口，其中 2.6% 的人表示给城镇户口可以无偿放弃承包地，6.6% 的人表示给城镇户口可以有偿放弃承包地。另有 7.3% 的人希望有其他方式处置承包地。这基本上反映了农村土地经营的实际情况。调查表明，农民工家庭自种承包地的占 51.6%，委托代种或转租的占 20.7%，其他情况占 27.7%。重要的是，承包地对农民工不仅具有家庭粮食安全和就业保障的功能，还显示出日益重要的财产收入功能。有土地流转的农户，每亩承包地的年租金平均为 336.74 元。在农民工大规模流动的情况下，许多农民已不再是传统意义上的自耕农，承包地的财产价值逐步显现，成为农民家庭重要的收入来源之一。对于双向流动的农民工来说，承包地更成为他们在经济不景气时"进退有据"的重要安全屏障。据不同数据来源，金融危机时，没有耕地可种的农民工仅占返乡农民工的 2%～6%，"家中有地"极大保障了社会安定。

其次，2/3 的农民工希望保留宅基地和房产。66.7% 愿意进城定居的农民工希望保留农村的宅基地和房产，备将来用。33.3% 的人希望能够拥有不同方式的自主处置权，其中 12.3% 的人希望能有偿转让，11.4% 的人希望能置换城里的住房，4.8% 的人希望给城镇户口，有偿放弃，还有 4.8% 的人希望以其他方式处置。调查农民工家庭在农村的宅基地面积平均为 0.77 亩，住宅建筑面积平均 131.67 平方米，比全国农村居民家庭平均住宅建筑面积低 2.73 平方米，住宅价值平均为 7.67 万元，比全国农村居民家庭平均住宅价值高 2.84

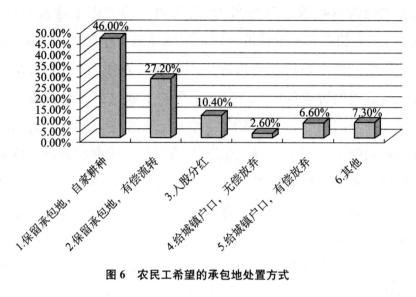

图6　农民工希望的承包地处置方式

万元。由于农村建设用地的升值预期和在城镇定居的不确定性，使得多数农民工不愿意退出农村宅基地。当然，比之只有8.2％的农民工愿意以承包地换城镇户口，毕竟有多一倍约16.2％的农民工愿意以宅基地换城镇住房（1/3的农民工愿意交易）。这一点给地方改革探索留下了空间。

　　第三，接近10％的农民工能从农村集体资产获得收益。参加本次调查的农民工，有7.8％的人能从老家村集体资产获得收入，年均为554.32元，其中2.4％的人每年能从村集体资产获得2 000元以上的收益。在村集体经济比较发达并且有收益分配的情况下，这部分农民工更是不可能退出集体成员权来换取一纸城镇户口。通常，这类农村地区已经融入城市群或都市圈的发展，农民不但有稳定的非农就业，还有来自农村集体建设用地的租金收益分红，他们已经在实质上实现了城镇化。但是，一些地方却以城市规划区的扩张和城镇户口的交换再来帮助他们实现名义上的市民化，可谓是南辕北辙，这也是城市周边地区征地矛盾不断激化的重要原因。

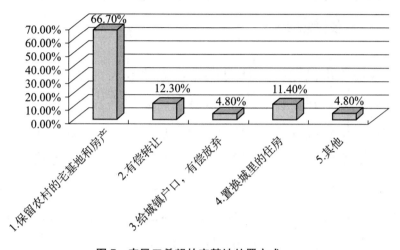

图7　农民工希望的宅基地处置方式

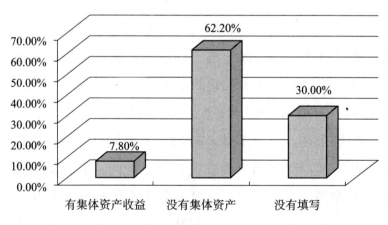

图8　农民工获得集体资产收益比重

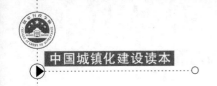

三、农民工市民化的重大意义、政策目标与实现路径

农民工市民化的总体思路是：把"以人为本、公平对待"作为解决好农民工问题的根本要求，以提高农民工就业技能、保障农民工合法权益、创造平等就业机会、提高就业质量为重点，以健全农民工公共服务制度、推进基本公共服务均等化为核心，以吸纳农民工进城定居、稳步推进农民工市民化为方向，深化户籍制度改革，创新社会管理体制，扎实提高人口城镇化水平，促进农民工共享改革发展成果。

（一）推进农民工市民化的重大意义

今后一二十年，我国农村人口转移将进入"以技能提升促就业，以公共服务均等促定居"的阶段，农民工市民化将进入关键时期。推进农民工市民化的重大现实意义在于：

1. 这是从根本上解决好"三农"问题的需要。农民工不能在城市安居乐业，家分两地，长期奔波于城乡之间，这种不彻底的转移方式，起不到减少农民、使土地向务农劳动力稳定流转集中的作用。同时，农村青壮年的黄金时间用在城里，实际是把人口红利留在发达地区和城市，从长远来看，这样会进一步导致城乡、区域差距的扩大。我国"三农"问题突出，城乡居民收入差距持续扩大，根本原因在于农村人口多、农民转移不彻底、农业劳动生产率水平低。农民在户均不足半公顷的土地上搞农业,是不可能达到全面小康水平的。只有减少农民、增加市民,从根本上改善城乡资源配置,才能扩大农业经营规模和农产品市场规模,才能为发展现代农业、持续增加农民收入创造条件,才能富裕农民和繁荣农村。

2. 这是推进城镇化健康发展的需要。近年来,我国城镇化水平的提高很大程度上来源于农民工进城就业。但是,在我国目前的城乡分割二元体制下,农民工仍被视为城市的"过客",不能享受同城市居民同等的待遇,没有获得市民身份。从这个角度看,我国城镇化是"夹生"的。城镇化要以吸纳农民并使之向市民转变为目标。大量农民工不能沉淀在城镇,工业化进程与农民工市民化进程相脱节,是严重制约城镇化健康发展的一个突出矛盾。随着我国城镇化进程的加快,农村劳动力将继续大量涌向城市,推进农民工市民化是大势所趋。必须改变将进城农民工拒于城市社会之外的制度环境,促进农民工向市民角色的整体转型。

3. 这是扩大内需、促进国民经济平稳较快发展的需要。目前,农村居民人均消费水平还不到城镇居民的1/3,主要耐用消费品拥有量大大低于城市居民,住房质量和环境也远远落后于城市居民。伴随农民工在城镇安家落户,其消费环境的改善、消费能力的提高和消费意愿的改变,必然会促进其衣食住行等方面的消费升级,必然会带动城市基础设施投资的增长。农民工市民化创造的巨大内需,无疑将会为保持我国经济平稳较快发展提供重要支撑。

4. 这是加快产业结构优化升级的需要。农民工不能在城镇

定居，流动性强，使企业不能形成稳定的、不断积累经验和技术的产业大军，对企业的人力资本积累、技术进步和产业升级造成了不利影响。无论是加强传统产业的技术改造，发展先进制造业，还是加快发展战略性新兴产业，都需要为农民工在城市定居创造条件，努力造就一支稳定的熟练工人队伍。服务业是扩大就业的重要渠道，服务业发展的规模，与人口城镇化和人口集聚的规模密切相关。我国服务业发展严重不足，推进农民工市民化可以带动服务业发展，提高服务业比重，优化经济结构。

5. 这是促进社会和谐发展的需要。我国长期以来实行的是城乡分治的户籍管理制，农民虽已进城务工，但农民的身份没有变，未被城市认同接纳为城市居民，于是出现了大批农民工。农民工长期处在城市的边缘，只被当作廉价劳动力，不被城市认同接纳，乃至受到忽视、歧视或伤害，融不进城市社会，享受不到应有的权利，定会累积很多矛盾，不仅他们自身的合法权益难以得到保护，也会导致农民工对城市社会普遍怀有疏离感和责任意识匮乏，处理不好还会造成重大的不稳定隐患。农民工市民化，不仅关乎内需，更关系到民生。从发展趋势看，城乡分割体制下出现的农民工现象终将会终结。在城市管理体制和政策上，应当转变观念，以开放和包容的胸襟，把进城农民工作为城市居民的一部分，对农民工要由排斥到容纳，由管制为主转向服务为主，改变农民工"边缘化"的社会地位，给农民工摘掉农民的帽子，逐步做到权利平等。这样做，有利于农民工在城市安居乐业，对促进城市社会安定和谐、健康发展，有着不容置疑的重要作用。

(二) 农民工市民化的基本目标

一是总量平稳递减。把尽可能多的符合落户条件的流动人口逐步转为流入地居民，引导农村富余劳动力和城镇外出务工人员就近、就地转移就业和返乡创业，使流动人口规模逐步递减。

二是流向合理有序。引导人口向适宜开发的区域集聚，鼓励资源环境承载能力较强、产业集聚和经济条件较好的城镇化地区吸纳更多人口，支持宜农、宜林、宜牧地区吸引青壮年人口开展规模化经营，促进人口、经济与资源环境协调布局。

三是服务可及均等。推进城乡基本公共服务制度衔接，逐步实现基本公共服务由户籍人口向常住人口扩展，保障外来人口与本地居民平等享有基本公共服务。逐步缩小城乡区域间基本公共服务差距，最终在进城与留乡、流动与定居的人群之间实现基本公共服务均等化。

四是社会融合顺畅。保障居民自由迁徙的基本权利，切实维护农业转移人口承包地、宅基地等合法权益，加快消除流动人口与户籍人口的身份差异以及附着的不平等待遇，促进社会融合。

(三) 农民工市民化的实现路径

一是落户转市民沉淀一批。以户籍制度改革为突破把符合落户条件的农业转移人口逐步转为城镇居民，扎实提高城镇化质量。合理设置落户条件，尽快把有落户意愿和能力的流动人口在各类城市特别是中小城市和小城镇沉淀下来，使流动人口

总量平稳减少，逐步终结农民工现象。

二是常住均服务稳定一批。以加快基本公共服务均等化为核心消除差别待遇，推动流动人口共享发展成果。对暂不符合落户条件或没有落户意愿又有常住需求的流动人口，根据权利和义务对等原则，梯度赋权，逐步使他们在流入地居住期间享受与户籍居民同等的公共服务和社会权益。

三是就近促转移消化一批。以实施区域总体发展战略为关键推动流动人口就地就近转移就业和居住，合理人口空间分布。通过加快产业结构调整和实施主体功能区战略，特别是大力发展县域经济和加强农产品主产区建设，就近消化一批农村剩余劳动力，减少人口大规模、跨地区流动，形成高效、协调、可持续的国土空间开发格局。

四是留乡建新业吸附一批。以建设社会主义新农村为重点推动城乡统筹发展，培养新型农民。进一步加大公共资源向农村倾斜力度，逐步缩小城乡和地区差距，改善农村生产生活条件，大力支持流动人口返乡就业和创业，培养新型农民，合理减少人口流出规模。让留乡人口安居乐业，避免农村凋敝，促进"三化"同步发展。

四、以健全公共服务制度为核心，稳步推进农民工市民化

（一）二元公共服务制度是农民工市民化的主要障碍

长期以来，在城乡二元体制大背景下，我国一直实行城乡

分隔的二元的公共服务体制，城乡居民公共服务的提供机制不同，公共财政资源配置带有特别明显的城市偏好，城乡居民所享受的公共服务存在很大差异。在快速城镇化背景下，现行公共服务体制存在的最突出的问题是：农民工尽管在城镇就业和居住，有的已经实现了举家迁移，但他们的户口还是农业户口，还不能和城镇居民享有同等的就业和福利待遇。从制度安排上说，户籍制度是造成城乡居民待遇差别的最大障碍。长期以来，在消除城乡差别的改革思路上，多以户籍改革为手段，试图通过户籍改革来一次性解决农民工的差别待遇。但是，一次户改的牵涉面广、成本高、障碍多。实际上这也成为了户籍制度改革难以深入推进并饱受社会诟病的原因。这样，在城镇化进程加快的背景下，原有的城乡二元结构非但没有打破，反而正在向新的城镇居民、农村居民和城镇农民工三元结构转变。

1. 公共财政体制不适应公共服务均等化的要求。我国财政转移支付制度基本是以各地户籍人口为依据的。目前社会福利体系中由城市政府所提供、与城市户口相关、具有排他性的公共服务主要包括：以城市最低生活保障为主的社会救助服务；以经济适用房和廉租房实物或租金补贴为主的政府补贴性住房安排；在城市公立学校平等就学的机会等。在人口流动性增强的背景下，流入地地方的财力与事权不匹配问题比较突出，无法按现有户籍人口享受的水平向新迁入人口提供基本公共服务和社保。把与城市户口相关的那些公共服务逐渐覆盖到越来越多的外来流动人口，特别是农民工及其家庭，需要公共财政体制的改革。

2. 各地及不同人群社会保障体系呈现"碎片化"。各种社会保障统筹层次低，地区分割严重，流转衔接机制不健全。社保体系的碎片化，特别是养老和医疗保障体系的碎片化，造成劳动力市场分割，严重影响人口的流动性。我国养老保险制度在省市甚至县市统筹管理运行，各地区之间制度不同，政策不统一，长期以来，养老保险关系难以互联互通，难以转移接续。各统筹地区之间缴费率不同，待遇标准和具体管理方式也不尽相同，加大了劳动力流动的难度。长期以来，一些相对发达地区允许务工人员带走社保体系中个人缴费积累部分，但企业缴费部分没有带走，累积在当地，没有转入流动人员的新就业地或原籍社保账户，更加不利于提高社保体系的统筹水平。虽然国家已经出台了包括农民工在内的城镇职工基本养老保险关系跨地域接续转移的政策，但整合"碎片化"的社会保障体系，建立健全衔接良好的社会保障体系，还任重道远。

3. 正规社会保险制度的高费率，不利于扩大保障覆盖面和可持续运行。企业和职工负担的社会保险及住房公积金的合并名义费率高达工资总额的 50%，甚至更多。这种高费率成为企业的沉重负担，尤其是对于数量众多、劳动密集型的中小企业来说，如果把所有企业职工全部按名义费率缴纳社会保险，企业的生存和发展势必受到影响。不少企业采取少报职工人数和压缩缴费工资基数的方式逃避参保义务，导致大量城镇从业人员没有社会保险和社会保障。过高的费率使许多低收入就业人员、灵活就业人员难以参保。制度单一、费率过高的社会保险制度不能满足劳动者参保的需要，也不利于化解劳动者的社会风险，促进社会消费的扩大。

4. 与公共服务体制相对应的相关制度改革进展缓慢。劳动力市场依然是分割的，除劳动保护程度最低的农民工外，其他类型劳动力也往往受制于各种制约，很难正常流动。跨地区、跨部门尤其是不同身份（公务员、事业单位、企业职工）劳动力的流动更是多有阻隔。尽管法律法规提倡和保护平等就业，反对就业歧视，但由于劳动力市场改革不同步，有关法律执行不到位，就业歧视现象十分严重。外来劳动力尤其是农民工无法得到与本地就业员工一样的待遇，一个单位编制内的正式职工与合同聘任制用工身份待遇相差很大，造成职工身份不平等、同工不同酬。

目前城乡和区域分置的公共服务体系，与相应的户籍绑在一起，导致了户籍制度"含金量"的差别。近年来，很多地方政府都宣称已经或将要进行各种类型的户籍制度改革，但大部分改革，或者流于形式，或者仍然具有很大的局限性。很多地方的户籍改革主要是针对本辖区（往往是本县、或者最多是地级市）的非农户口，但对跨行政区的流动人口户籍基本没有放开。除了跨区流动人口户籍改革进展缓慢之外，特大、大型乃至一些中等城市的户籍改革也基本没有放开。户籍制度抬高了农民工进城的门槛，使城镇化处于僵持状态，成为农民工谋求机会公平、待遇平等、权益保障的障碍，限制了农民工融入城市社会。

（二）加快实现基本公共服务对农民工群体的全覆盖和均等化

农民工市民化的过程，实质是公共服务均等化的过程。在

这个过程中，户口的转换是形，服务的分享是实。对于已经具备条件的公共服务项目，如义务教育、就业培训、职业教育、计划生育等，应率先实现同等对待。与城市户籍紧密挂钩的低保、经济适用房、廉租房等，也要逐步覆盖符合条件的农民工，要通过逐步增加和不断完善农民工的公共服务，最终达到消除户口待遇差别的目标。

1. 以强化输入地政府属地管理责任为重点，切实保障农民工子女的教育权利。输入地政府要将农民工随迁子女教育纳入教育发展规划和财政保障范畴。制定实施以"流入地政府为主、普惠性幼儿园为主"的政策，基本普及农民工随迁子女学前三年教育；全面实行农民工随迁子女基本在输入地、基本在全日制公办中小学平等接受义务教育的政策，城镇公办中小学要全部对农民工随迁子女开放，实行与城镇户籍学生混合编班，促进社会融合；全面实行农民工随迁子女纳入输入地中等职业教育招生范围，对长期在本地就读的学生，允许参加中考、高考。

据第六次人口普查，2010 年，我国共有 2.2 亿流动人口。其中 0~5 岁学龄前儿童 898.5 万人，占 4.1%，6~14 岁义务教育段儿童 1 675.4 万人，占 7.6%，15~17 岁高中年龄段人口 1 289.9 万人，占 5.9%（其中已务工经商的占 15%，约 193.5 万人）。学龄前和高等教育前学龄随迁子女合计 3 683.8 万人，占流动人口的 17.6%。目前，解决流动人口子女接受义务教育"两为主"政策基本得到落实。从教育需求来看，大量在城市接受完义务教育的农民工随迁子女，希望在当地接受高中阶段教育。而其中的重点和难点是从小生长在城市，并在城市接受了完整义务教育的农民工随迁子女，他们要回到原籍去接受高中阶段教育存在诸多困难。但高考实行户籍所在地报名制度，学生和家长考虑到高考政策而无奈选择回流出地省份就读。在务工地能够就地参加义务教育段后升学考试，已成为流动人口最为期望解决的公共服务之一。据中国教科院政策研究中心调查，77.8％的随迁子女家长希望孩子在务工地就读高中，11.1％的随迁子女家长希望孩子在务工地就读职业学校。多数农民工现实地把融入城市的希望寄托在子女身上，尽快实现随迁子女在务工地参加中高考。提供代际流动的上升渠道，是促进社会融合和稳定流动人口的重大举措。

近日，国务院办公厅转发教育部等四部委《关于做好进城务工人员随迁子女接受义务教育后在当地参加升学考试工作的意见》（以下简称《意见》）。《意见》的出台，标志着我国流动人口随迁子女教育政策保障体系基本形成，对完善流动人口服务管理政策、加快基本公共服务均等化并进而推动城镇化健康发展具有重大意义。做好《意见》的落实工作，必须加强政策协调，统筹好各方权益，确保当地社会秩序和稳定、确保高考有序进行，并使得该项政策的落实与引导流动人口合理分布的总体目标协调一致起来。

由于高中段教育属非义务教育，经费投入主要来自地方财政，在投入体制不变的情况下，地方政府扩大生源和放开中高考的积极性不大，表现出"不得不做，不可多做"的复杂心态。取消高考户籍限制面临的最大挑战是，可能带来经济发达地区

以农民工为主体的流动人口的大规模聚集和向西部及基础教育相对薄弱地区有组织的高考移民，甚至造成全国范围内人口的无序流动。从调查的情况看，一些人口集中流入的省市现有的教育资源已难以承载不断扩大的以农民工为主体的流动人口子女的就学需求，如果简单取消中考和高考的户籍限制，可能带来的后续人口压力和不断增长的心理预期将使城市资源更加难以承受。调整完善中考高考报考政策，必须考虑到各省市以农民工为主体的流动人口情况的巨大差异，以省级人民政府统筹调控为主，鼓励流动人口高度集中的地区先行先试。

从政策路线图来看，应按照"先省内后省外，先中小城市后特大城市，先职业后普通，先中考后高考"的原则逐步放开。先放开省内流动人口随迁子女就地参加中考和高考，后放开外省市流动人口随迁子女；先放开流动人口压力较小的中小城市，后放开压力较大的特大城市；先放开中职和高职对流动人口随迁子女招生，后放开普通高中和高校；先放开中考，后放开高考；先放开长期在当地就学的随迁子女，特别是在城市接受了完整义务教育的随迁子女，后放开连续学习时限短的随迁子女。

2. 以根据常住人口配置公共服务资源为重点，保障农民工平等享有基本医疗卫生和计划生育服务。合理调整基层医疗卫生机构布局，提高农民工集中地基层社区医疗卫生机构服务能力，保障农民工享受安全、公益、便利的社区医疗卫生服务。加强农民工聚居地环境卫生和疾病预防控制工作力度。依法保障农民工职业健康权益，建立职业病防治专项基金，实施农民工职业病防治行动计划，落实用人单位的主体责任，从源头上预防控制职业危害。将农民工职业病防治纳入基本公共卫生服务体系，列入国家重大公共卫生服务项目。加强基层计划生育网络建设，健全实有人口信息化管理体系，建立国家和省级流动人口经费保障制度和财政转移支付制度，完善流动人口计划生育服务管理全国"一盘棋"机制，推进农民工计划生育基本公共服务均等化。

3. 以完善和整合"碎片化"的社会保障体系为重点，扩大农民工社会保障覆盖面。建立健全城镇职工基本医疗保险与城镇居民基本医疗保险和新型农村合作医疗之间、城镇职工基本养老保险与城镇居民社会养老保险和新型农村社会养老保险之间的转移衔接办法，实现农民工养老、医疗和失业保险关系全接续。针对农民工工资收入低的特点，制定促进农民工参加养老保险的政策措施。完善在城镇从事个体经营或灵活就业农民工参加养老保险的实施办法。完善失业保险政策，保障农民工与城镇职工平等参加失业保险并享受相应待遇。整合经办管理资源，提高对农民工的社保服务水平。扩大农民工参保覆盖面，力争到"十二五"期末实现社会保险对农民工群体的广覆盖，"十三五"期末实现全覆盖。建立惠及农民工的社会救助制度，逐步将符合条件的农民工纳入城市最低生活保障范围。

4. 以推动农民工纳入住房保障范围为重点，积极改善农民工居住条件。将农民工住房纳入各级政府城镇住房保障规划，并将在城镇稳定就业的农民工纳入公共租赁住房供应范围。综合运用财政、金融、土地等政策工具，吸引社会资金参与面向农民工的保障性住房建设运营，引导农民工集中的开发区或工

287

业园区建设农民工公寓。制定适合农民工特点的住房公积金缴存和使用办法，扩大农民工住房公积金制度覆盖面，保障缴存住房公积金农民工提取和使用个人贷款的权益。支持农民工通过租购合适的商品房和居住集体宿舍等多种方式解决住房问题，并逐步将居住陋屋（地下室、棚户区、工棚等）的农民工迁至宜居房屋居住。

5. 以推进户籍管理制度改革为重点，吸纳农民工进城落户定居。尽快实行流动人口居住证制度，使农民工及其随迁亲属在务工经商地依法进行居住登记、并享受规定的各项基本公共服务。把农民工信息纳入统一的流动人口信息综合数据库和共享平台。积极稳妥推进户籍管理制度改革，放开县级市市区、县人民政府驻地镇和其他建制镇的户口迁移政策，进一步放宽中等城市户口迁移政策，完善落实大城市现行户口迁移政策。保障农民工土地权益，不得强制收回在城镇落户的农民工宅基地和承包地。健全土地承包经营权登记制度，建立统一的农民不动产登记制度，制定农村宅基地流转管理办法，积极推进农村集体经济组织产权制度改革，按照依法、自愿、有偿的原则，探索建立农民工承包地（林地、草地）和宅基地的流转或退出机制。

6. 以合理划分中央与地方公共服务支出责任为重点，加快建立保障公共服务均等化的财政体制。推进农民工平等享受公共服务，必须划分中央与地方在农民工公共服务支出上的责任。从地方财政讲，要按照以人为本的原则，以各项民生支出为载体，着力优化财政支出结构，不断增加基本公共服务投入，逐

288

步建立起覆盖城乡、功能完善、分布合理、管理有效、水平适度的基本公共服务体系。主要是通过增加基础教育、基本医疗和公共卫生、公共文化体育、公共交通、基本社会保障、公共就业服务、基本住房保障等方面的财政投入，同时与加强基本公共服务的规划制订和制度建设相结合，最终实现城乡、区域和不同社会群体间基本公共服务制度的统一、标准的统一和水平的均衡。从中央财政讲，要围绕推进基本公共服务均等化进程，进一步加大对地方的一般性转移支付，尤其是财力性转移支付。中央对地方的一般性转移支付，要考虑地方外来人口的公共服务支出因素，与各地吸收和承载外来人口的数量挂钩，与各地提高基本公共服务均等化水平的工作努力程度挂钩。

华明示范镇与天津城镇化

黄兴国

对于天津这样的大城市，解决"三农"问题的关键在于如何让农民享受到城镇化带来的实惠，实现从传统到现代、从分散到集中、从农村到城镇的转变。这是天津小城镇建设的现实选择。然而，制约小城镇建设有两大突出矛盾：一是土地，二是资金。许多小城镇的建设都曾在其面前踯躅不前。大城市郊区新农村建设路子该怎么走，土地和资金的瓶颈约束如何破除？天津市经过反复调研探索，一个崭新的发展思路应运而生——以宅基地换房。

所谓以宅基地换房，就是在国家现行政策框架内，坚持承包责任制不变、可耕种土地不减、尊重农民自愿的原则，高水平规划建设有特色、适于产业聚集和生态宜居的新型小城镇。农民以其宅基地，按照规定的置换标准无偿换取小城镇中的住宅，迁入小城镇居住。农民原有的宅基地统一整理复耕，实现耕地占补平衡。新的小城镇除了农民住宅外，还规划出一块可供市场开发出让的土地，用土地出让收入平衡小城镇建设资金。

以华明镇为例，原来 12 个村共有宅基地 12 071 亩，建设新城镇只需要新占用耕地 8 427 亩。通过对农民宅基地复耕后，完全可以实现耕地的占补平衡。小城镇建设中，农民住宅占地 3 476 亩，建设资金需要 40 亿元。另外的 4 951 亩，规划为经营开发用地，通过招拍挂方式出让后，收益在 50 亿左右，用于农民住宅和配套设施建设、农民搬迁补贴、社保支出等，实现平衡有余。以宅基地换房提出后，得到了国家有关部门的大力

293

---

* 本文是天津市人民政府市长黄兴国同志 2012 年 9 月 7 日在国家行政学院省部级领导干部推进城镇化建设专题研讨班上的授课内容。

支持。国家发改委认为，天津市提出的以宅基地换房方式建设小城镇富有新意，符合我国保护耕地基本国策，有利于在建设社会主义新农村方面，探索出一条新路子。国土资源部将天津列为全国城镇建设用地增加与农村建设用地减少挂钩试点城市，并为小城镇建设下达了土地周转指标。

以宅基地换房共分为八个步骤：区县政府编制总体规划报市政府审批；组建投融资机构负责小城镇建设；市政府国土管理部门下达土地挂钩周转指标；村民提出宅基地换房申请并与村民委员会签订换房协议；村民委员会与镇政府签订换房协议；镇政府与小城镇投融资机构签订总体换房协议；小城镇农民住宅建成后，由村民委员会按照全体村民通过的分房办法进行分配；农民搬迁后，对原宅基地整理复耕，复耕出的土地用于归还小城镇建设占用的土地挂钩周转指标。

以宅基地换房重在一个换字，它换来了土地的集约利用，换来了农民生产生活方式的转变，换来了农民收入的提高，换来了城镇发展的新空间，换来了城乡差别的缩小。

创新——华明示范镇的魂

以宅基地换房建设小城镇，是统筹城乡发展的有益探索。它绝不是划出一块地盖上几栋楼那么简单。新的小城镇是一个配套完善、文化品位高、环境友好、管理完善、就业充分的新型小城市，使广大农民能够充分享受到和城里人一样的公共服务，实现安居乐业有保障。循着这样的思路，华明镇在建设中突出了科学规划、管理创新。

科学规划是小城镇建设品质的保证。天津市强调，没有好的规划，绝不能开工建设。华明镇的规划方案，经过了长时间的酝酿，邀请多方权威专家充分论证。在选址和住宅设计上，为农民长远利益着想，将新的小城镇选址在交通便利的高速公路与津汉公路的相交处。根据农民不习惯住高层的特点，住宅设计多为五层建筑，而对那些上了年纪的老人和五保户，设计了带电梯的小高层。在建筑风格上，结合华明镇原有的湿地，设计了街心公园和湖面，并保留了原来田埂上的数千株旱柳、果树，突出田园特色，塑造风情小镇。在生活服务上，每条主干街区都建有公共服务设施。同时结合北方农民喜欢户外活动的生活习惯，按照农民下楼不出 300 米的原则，规划了社区服务中心和休闲广场。在体现生态环保可持续发展理念上，住宅建设实施三步节能法。规模使用太阳能装置 9 000 套，为每户安装了太阳能热水器，小区庭院照明采用太阳能，污水处理，中水回用，清洁能源，垃圾不落地，大面积绿化。这些做法，既符合科学发展观的要求，也降低了物业和居住成本。

华明镇的创新主要体现在八个方面：农村土地流转制度创新；小城镇管理体制创新；小城镇管理方式创新；群众工作方式创新；农村集体经济组织形式创新；社会保障制度创新；支持小城镇建设发展的政策创新；小城镇投融资方式创新。

在小城镇投融资方式上，华明镇也探索了新的模式。东丽区组建了小城镇建设投融资平台（公司），负责项目建设、资金管理和债务偿还，实现了政府主导下的市场化运作。

小城镇管理上的创新，是华明镇与传统城镇的重要区别。在管理体制上，改变了原来以村为主的管理方式，建立华明镇街道办事处，负责全镇行政管理。小城镇内以3 000户左右为一个社区，300户左右为一个邻里，组建以社区组织为核心，以社区居委会和邻里以及村民小组为基础，居委会、物业公司、业主委员会、社区民间组织相互协调的新型社区管理体制。

在管理方式上，市容、环卫、园林绿化等实行管干分离，通过向社会招投标方式，选定养管队伍，进行市场化运作。由一个综合执法机构，统一负责小城镇行政执法，借鉴香港一个警察管到底的做法，实行一支队伍管全部。

为民——华明示范镇的根

小城镇建设，农民是主体。农民是否满意，是这项工作成败的重要衡量标准。华明镇把一切为了农民、一切依靠农民的方针贯穿始终。实际上对于天津这样的大城市周边郊区农民而言，他们对土地的依附性已日趋减弱，传统村庄功能在逐步消失。广大郊区农民对改善生存环境、提高生活质量，具有强烈愿望。可以说，他们已经站在工业文明的入口处，但普遍没有享受城市居民在医疗、就业、养老保险等方面的待遇，对此有着充分的期待。他们担心的无非是搬到小城镇后的生活是否如他们的想象。华明镇注意到了这一点。

第一，强调公开透明。以宅基地换房，让群众自主选择、自主决策，换房的具体办法通过村民代表大会听取群众意见和建议，并张榜公布，在公平、公正、公开的前提下操作。制订每户人均30平方米房屋置换标准，超出部分据实置换，不足部分可按成本价补齐。

第二，不增加农民负担。农民按标准置换的住房不花钱，建房享受经济适用房政策大配套，政府给予减免。用地划拨不收出让金。住进小城镇后的物业费用实行补贴，每平方米只需交1毛钱，五年后不超过3毛钱。

第三，一切为农民着想。市区两级政府制订了相应的配套政策，如对施行招拍挂出让的经营性用地，政府纯收益部分实行全部返还。小城镇基本建成后，新建企业缴纳的各种税费，五年内市区分享部分全部返还。逐步扩大农民社会保障范围，缩小城乡社会保障水平的差距。对小城镇基础设施，社会公益设施给予一定的财政补贴。当然，核心一点就是增加农民收入，提高生活质量。

华明镇在规划时充分考虑了农民的就业需求，选址在滨海新区空港物流加工区的附近，同时还为二、三产业发展留出了足够的空间，实现了产业立镇、产业兴镇。最直接也是最现实的就是，宅基地换房使农民家庭财产大幅增加，农民户居原有宅基地0.8亩，估价4万到5万元。到新建小城镇置换一套80平方米左右的住宅，价值超过50万元。每户资产可增值40多万元。迁居小城镇，农民的生活质量明显提高，生产生活方式发生深刻变化。

这里街心公园花团锦簇，主干道路绿树成荫，环境优美。这里超市、银行、学校、社区医院等服务配套设施一应俱全。这里自行车停放处、农具存放处、储存室、安全防护设备等设施便民利民。这里博物馆、图书室、文化活动室、健身广场等休闲娱乐场所丰富群众文化生活。这里正呈现着一幅和谐优美的画卷。

村民：过去我们六七口人住四间老房。现在搬新家了，我们两套房。我和儿子媳妇住对门，都90来平米。都特好，特豁亮。

村民：我们小区多漂亮啊，出门就是菜市场，买东西都挺方便的。还有健身设施，家里地暖、热水器都具备齐全。我们的生活比城里人还好呢。

村民：对于我们这些上岁数的人，村里都给上了保险，一月好几百块钱。吃喝都挺好的，也不用愁，没有后顾之忧。年轻人也挺好，镇里有不少企业都给他们安排了工作。不用我们操心，他们过得都挺幸福的。

现在，华明镇的农民已经陆续入住了这座新的小城镇。在老宅前，留一张全家福合影，村民们有着许多留恋。而对新生活的向往也定格在了这方寸之间。

近日从上海世博局传来消息，本市华明示范小城镇项目，将在2010年上海世博会期间，作为城市最佳实践区项目向全世界展示建设成果。

一样的土地，不一样的生活。也许再过十年二十年，每一个华明人才能更深切体会宅基地换房的历史意义。它所带来的不仅是缩小城乡差别，使农民共享经济社会发展的成果，更是打破城乡二元结构，统筹城乡发展，实现现代化的强劲动力。

——摘自电视专题片《华明镇——城乡统筹发展的新探索》

摄于2007年7月

298

前不久，胡锦涛总书记在省部级主要领导干部专题研讨班上发表了重要讲话。总书记强调，坚持发展是硬道理的本质要求，就是坚持科学发展。以科学发展为主题、以加快转变经济发展方式为主线，是关系我国发展全局的战略抉择。

科学发展观的第一要义是发展，核心是以人为本，基本要求是全面协调可持续，根本方法是统筹兼顾。在科学发展观的"五大统筹"中，统筹城乡发展居于首位，是解决其他一切问题的基础。推进城镇化建设，是统筹城乡发展的载体和抓手，是践行科学发展观的应有之义。

天津是一个沿海大城市，具有较好的统筹城乡发展的条件，应当在推进城乡一体化发展方面积极创新探索，努力走在全国前列。我们按照科学发展观的要求，坚持从农民的根本利益出发，在高水平制定城乡规划体系的基础上，在不减少耕地

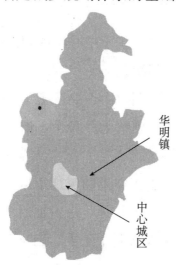

华明镇

中心城区

图1　华明镇位置图

的前提下，从 2006 年开始，选择东丽区华明镇开展城乡统筹试点，摸索了一些经验，取得了明显效果。

下面，我汇报两个方面内容：主要做法和几点体会。

一、主要做法

东丽区华明镇建设新型小城镇，统筹城乡发展归纳起来，六年总共走了四步：第一步，以宅基地换房办法建设示范小城镇；第二步，"三区"联动发展；第三步，实施"三改一化"改革；第四步，农村金融改革创新。这四步层层递进、环环相扣、相辅相成，形成了大城市周边农村城乡一体化的新思路、新途径。

（一）第一步：以宅基地换房，建设新型小城镇

华明镇地处东丽区，位于中心城区和滨海新区之间，由 12 个村庄组成。当时的情况是：

生活环境很差。华明镇由于缺乏规划，村庄居住空间杂乱，群众的生活环境很差。"晴天一身土，雨天两脚泥，垃圾靠风刮，污水靠蒸发"。

社会矛盾突出。由于空港物流加工区征地等原因，社会矛盾非常突出。当时大项目征地，一亩地给 3 万元钱，其他就不管了。每年有七八千人次到中纪委、国土资源部和市委、市政府上访。

天津作家蒋子龙在一篇《小镇示范》的散文中说，华明镇

原来的名字叫荒草坨，它的十几个村子和城市紧密相连，却又被一种隔膜和差异撕裂开来。

当时考虑，选择一个条件比较差，矛盾比较多的地方搞试点，才具有典型示范意义。

华明镇的主要做法是：

1. 设计一套切合实际的政策

我们提出了26个字的方针：承包责任制不变，可耕种土地不减，尊重农民自愿，以宅基地换房。

承包责任制不变，就是国家确定的家庭联产承包责任制这项基本制度不能改变；可耕种土地不减，就是不能踩18亿亩的耕地红线，只使用农村存量建设用地；尊重农民自愿，就是农民不同意、不高兴、不满意的事情坚决不做，要把好事办好；以宅基地换房，就是通过土地置换的办法解决问题。尽量做到政府不投入，农民不花钱，就能过上城市生活。

以宅基地换房是天津推进城镇化建设的核心。在现行法律和国家政策框架内，以不减少耕地为前提，高标准规划建设现代化、有特色、适合产业聚集和生态宜居的小城镇。农民以其宅基地，按照规定的置换标准无偿换取小城镇中的新住宅，迁入小城镇居住。农民原有的宅基地进行统一复耕，实现耕地总量不变、质量不减、占补平衡。新的小城镇除了农民住宅外，还规划出一块可供市场开发的土地，用土地出让收入平衡小城镇建设资金。

华明镇通过宅基地换房，实现了土地和资金两个平衡。将全镇原来12个村12 071亩宅基地全部复垦为耕地，新的小城

镇建设只占用土地 8 427 亩，实现了耕地的占补平衡。小城镇
中建设农民还迁住宅占地 3 476 亩，建设资金需要 40 亿元，另
外 4 951 亩土地出让收益达到 50 亿元，用于农民住宅和配套设
施建设、农民搬迁补贴、农民社会保障支出，做到资金平衡有
余。小城镇建设向国家开发银行贷款 25 亿元，目前已用土地出
让收益全部还清。

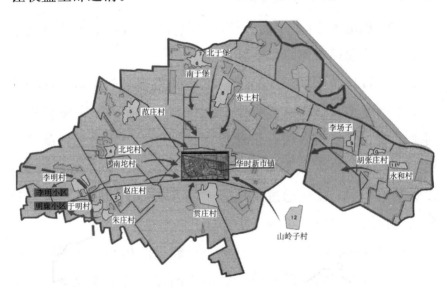

图 2　华明镇 12 个村庄迁移示意图

　　为解决新建小城镇土地指标问题，我们实行了土地增减挂
钩的办法。就是将农村建设用地减少与城镇建设用地增加挂起
钩来，实现动态平衡。国家发改委、国土资源部给予了很大支
持。国土资源部把华明镇列为全国第一批挂钩试点，专门安排
了 427 公顷的建设用地周转指标。目前华明镇通过宅基地复垦，
已将土地指标全部归还。

2. 高水平搞好规划

华明镇的规划突出了布局特色、生态特色、文化特色、服务特色和管理特色。

图3　华明镇全景

在空间布局上，选址在空港物流加工区对面，预留足够的产业发展空间，满足小城镇长远发展需求。

在生态环境上，结合原有的湿地特色，规划了小城镇湿地公园，保留了原来田埂上的数千株旱柳、果树，大面积选植适合本地生长的树种和花草，规划各种小区公园和花坛绿地。

在节能环保上，180万平方米的农民住宅和公共建筑，全部按照"三步节能"标准设计，节能效率达到65%。为农民一次性安装太阳能热水器9 000套。污水处理、中水利用，使用清洁能源，天然气使用率达到100%。

在文化传承上，规划建设华明博物馆，保留乡土文化记忆，让每个农民都留下原来居住的资料。

在公共服务上，规划建设九年一贯制学校、幼儿园、医院、老年公寓、文化广场、农民职业技能培训学校、超市、邮电局、储蓄所，以及社区图书室、文化室等设施。

在城镇管理上，规划时提前考虑管理需求，为未来的小城

303

镇管理提供条件。设计了带地下室的房屋和农用车停车场，为老年人规划建设带电梯的楼房，配备完善的安防措施。

3. 政府成立运作主体

东丽区政府组建了滨丽建设公司，作为小城镇的投融资和建设主体，以小城镇的经营性出让土地及未来收益作质押，向银行融资，最后以土地收益归还贷款，并负责组织小城镇的建设施工。

4. 为了农民依靠农民

坚持一切为了农民、依靠农民，充分调动广大农民参与的积极性。规划编制、政策制定请农民参与讨论，房型设计反复征求农民意见，项目建设请农民代表参与监督，拆迁还迁、房屋丈量、评估认定、选房分房等全部公开透明。

华明镇 2006 年 4 月开始建设，共建设农民安置住宅和配套公建 180 万平方米，2007 年底建成，12 个村的 4.6 万农民告别老屋，迁入新居，过上了新生活。

（二）第二步："三区"联动，实现小城镇可持续发展

城镇化不是简单地迁村并点，盖一批房子让农民居住，必须有经济活动，有就业、有财政收入，才能可持续。在解决了农民安居问题的基础上，华明镇利用宅基地换房节约出来的土地指标和复垦出的土地，建设了示范工业园区和农业产业园区，使农民居住社区、示范工业园区、农业产业园区"三区"联动发展，促进了农业增效、农民增收、农村增实力。

1. 建设示范工业园区

华明示范工业园区规划占地 10 平方公里，目前已吸引 1 400 多家企业，国家电网、中国北车、霍尼韦尔、包头稀土研究院等大型央企和世界 500 强企业纷纷在园区落户。目前，实现了"九通一平"，园区基础设施和项目投资超过 200 亿元，安置就业 8 500 人。还签订了协议投资额 430 亿元。

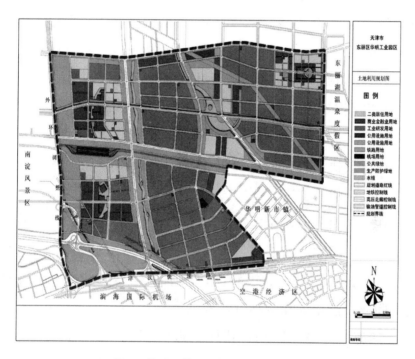

图 4　华明示范工业园区规划图

2. 建设农业产业园区

在宅基地复垦的土地上，不再种植一般的大田作物，而是发展附加值高的现代设施农业，搞大棚蔬菜、花卉种植等。目前已建大棚 8 176 亩，投入资金 26 亿元。比如，在胡张庄、永和两个村复垦土地上建设了节能温室 542 栋，解决农民就业 1 500 人，每年提供有机蔬菜 120 万公斤，瓜果 400 万公斤；在赤土村复垦土地上建设了滨海花卉基地，是亚洲最大的集中花卉温室，目前一期 30 万平方米智能温室已经建成。

3. 加强社区管理和服务

农民搬进新的小城镇后，生活方式发生了很大变化，必须加强社会管理和公共服务，增强农民的归属感和幸福感。

在管理体制上，改变传统村庄管理模式，以 3 000 户为一个社区、300 户为一个邻里，组建新型社区管理体制。

在管理方式上，实行市容环卫、园林绿化管干分离，通过招投标方式选定养管队伍。

在行政执法上，借鉴香港一顶"大壳帽"管到底的做法，实行一支队伍管全部。

在公共服务上，建立社区居民活动室、图书室，成立戏曲、书画等民间组织。对农民开展各种类型的职业技能培训，成立了建筑农民工学校。农民转为市民后，建立劳动保障服务站，提供职业技能培训和劳动就业信息。

实施"三区"联动，就地就近转移就业，提高了农民收入，增加了财政来源，实现了小城镇可持续发展。2011 年，华明镇地区生产总值 47 亿元，是 2006 年的 2.35 倍；固定资产投资 67 亿元，是 2006 年的 7.6 倍；三级财政收入 5.2 亿元，是 2006 年的 5.5 倍。预计到 2015 年，华明镇工业总产值可达到 700 亿元，地区生产总值 200 亿元，三级财政收入 30 亿元。

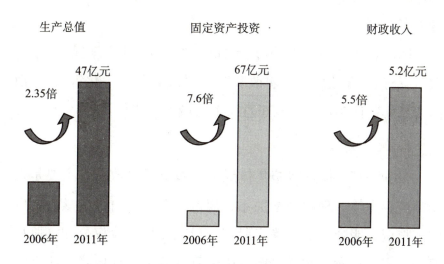

图5　生产总值、固定资产投资和财政收入比较

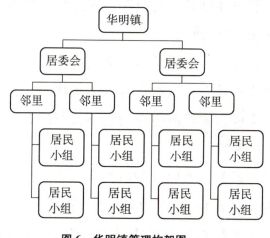

图6　华明镇管理构架图

307

（三）第三步："三改一化"，农民待遇加市民待遇

实施"三区"联动发展，使农民的生产生活方式和农村经济社会形态发生了根本性变化，在此基础上，就有条件改变农村集体经济组织形态和管理模式、村委会管理体制和农民户籍

身份了。

因此，2011 年华明镇开始探索"三改一化"改革。"三改"，就是"集改股"、"农改非"、"村改居"；"一化"，就是消除"二元"体制，实现真正意义上的城乡一体化。

1. 基本内容

"集改股"，就是实施集体经济组织股份制改革，主要是以明晰产权主体、理顺分配关系、规范经营管理行为为核心，以清产核资、明晰产权、确定股权、量化股份、股权分配、股权管理、资产运营、收益分配、监督管理等为主要内容，建立起新的集体资产管理体制和运行机制，提高经营效益，促进集体经济发展和农民持续增收。

"农改非"，就是将农业户口改变为非农户口，主要是改革户籍登记制度。凡是在小城镇有合法固定住所、有稳定职业或生活来源、已完成集体经济组织股份制改革的农民，均可申请办理"农转非"手续。

"村改居"，就是撤销原有的村委会，组建社区居委会，主要是在完成村集体经济组织股份制改革和村民户籍"农转非"之后，依照法定程序撤销村民委员会，组建社区居民委员会，并相应建立社区党组织和群众社团组织。

2. 政策叠加

"三改一化"是农民待遇加市民待遇。

农民保留的待遇主要包括：农村集体经济组织成员待遇；土地承包权；农村计划生育政策和奖励扶助政策；农村五保供

养人员救助待遇。

市民待遇主要包括：在医疗保险、养老保险、就业保障、优抚、伤残、退伍安置等方面享有城市居民待遇；农村低保人员和特困家庭享受城市救助标准。

3. "四金" 农民

"三改一化" 之后，华明镇居民拥有了 "四金"：薪金、股金、租金、保障金。城里人有的，他们都有；城里人没有的，他们也有。用农民的话说，就是 "一样的土地，不一样的生活"。

农民的财产性收入大幅增加，原居住的一套老宅价值约4 至 5 万元，置换小城镇 1 至 2 套大产权住房，平均每套价值约50 至 60 万元。

目前，华明镇实际就业率达到 92%。全镇实现医疗保险全覆盖，男 60 岁、女 55 岁以上居民每月领取养老金 575 元。2011 年农民人均纯收入 1.63 万元（全市平均水平 1.32 万元）。预计到 2015 年，人均纯收入达到 3.5 万元。

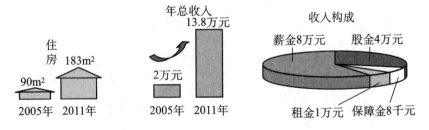

图7 住房、年总收入和收入构成情况对比

举例：韩英发和妻子石广秀以前一家五口住在一套 90 平方米的平房中。搬迁后分得两套两居室的楼房，共 183 平方米。

目前，韩英发在华明镇清洁队工作。石广秀享受养老保障，儿子在私企上班，儿媳在华明镇超市工作。韩英发全家每人拥有15平方米经营用房，年租金1万元。每人每年还有8 000元的集体红利。他家2005年全部收入只有2万元，如今"四金"累计超过13万元。

（四）第四步：村镇银行，"草根银行"服务"草根经济"

随着城镇化步伐不断加快，对深化金融改革提出了新的要求。建设村镇银行，是统筹城乡发展、深化农村改革的又一项重要举措，这虽是一个小题目，却是一个大战略。

1. "草根银行"服务"草根经济"

面广量大的中小企业是草根经济。草根经济对于就业保障、社会稳定具有非常重要的意义。

我国现有的企业构成和金融服务体系是两个不同的"金字塔"，一个是正"金字塔"，一个是倒"金字塔"。大银行很难覆盖到量大面广的农村小微企业，他们普遍存在融资难问题。温

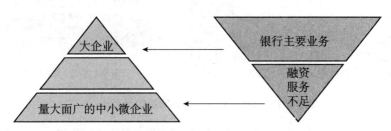

图8　我国现有的企业构成和金融服务体系

家宝总理在全国金融工作会议上指出，这是一个短板。另一方面，由于金融服务的触角向农村、向基层延伸得不够，造成了地下钱庄、高利贷等违规违法现象，形成了金融风险和社会风险。

2. 两个核心问题

设立村镇银行，有两个核心问题：

一是要让农民有较多的金融话语权。村镇银行扎根在农村，对小微企业知根知底，可以高效服务，有效管理，做好为农村中小微企业服务，农村经济社会如虎添翼。

二是要支持村镇银行做大做强。在政策上给予优惠，使其具有良好的发展环境。

3. 华明村镇银行成立后效果显现

今年5月28日，华明村镇银行成立，注册资本5亿元，其中东丽区农村集体经济组织持股51%，山东寿光农商行持股40%，其他股东持股9%。成立至今3个月，实现净利润120万元，预计到今年底，实现利润1 000万元。

(五)"四步走"，凸显了华明效应

华明镇走出的这四步，成效十分明显。中央领导考察后讲了四句话："凤凰涅槃、浴火重生、脱胎换骨、华丽转身"。

1. 农民满意

华明镇农民对安居乐业有保障的新生活，打心眼里感到高兴。现在，干群关系非常和谐，连续多年零上访。农民说，这

不是在做梦吧；以前叫活着，现在才叫生活；过去的土坷垃，现在变成金疙瘩。

2009 年的元宵节，23 个国家的 100 多位驻华领事、记者到农民家里采访，一起包饺子、吃元宵，农民发自内心地对他们说："共产党好、社会主义好、人民政府好"。

2. 闪亮世博

2008 年，华明镇入选上海世博会城市最佳实践区。华明展馆入口处有一幅"万张笑脸"的电子屏，全部来自华明镇的普通农民，非常真实、非常纯朴、发自内心，成为世博会的亮点，引起国内外的广泛关注。世博会期间，200 多万人次参观了华明馆，5 万多人留言叫好。

3. 星火燎原

目前，华明镇以宅基地换房办法建设小城镇、"三区"联动、"三改一化"、农村金融改革等做法，已经在全市面上推广。

市政府已累计批准了四批 43 个镇（共 799 个村）开展示范小城镇试点，共规划建设农民安置住宅 5 400 万平方米，总投资 3 000 亿元。到 2014 年 43 个镇全部建成后，将有 100 万农民受益。

预计四批试点建设小城镇居住社区、工业园区、农业园区的总投入将达到 8 750 亿元，形成巨大内需，有力促进农村经济社会发展。

4. "四步走"的效果

一是集约节约利用土地。比如，华明镇通过宅基地换房，村庄占地面积减少了 2/3。有人算过一个大账，全市农村都按照这个办法搞，可以节约用地 362 平方公里。

二是有效节约能源资源。比如，华明镇与同样规模的小城镇相比，每年节约标准煤近 2 万吨，减少二氧化碳排放 5 万吨、二氧化硫排放 478 吨，节水 50 万吨。

三是增加就业岗位提高农民收入。比如，华明镇通过"三区"联动，目前基本上有就业愿望和能力的人都能实现就业，2011 年全镇人均纯收入是 2006 年的 1.7 倍。

四是使农民普遍享受到城市生活。比如，华明镇农民在小城镇实现了安居乐业有保障，各种公共服务设施齐全，生活很方便，过上了城市生活。

五是有效缓解城市交通和公共服务压力。农民在小城镇工作生活，不必再往城市中心跑，减少了人口向城市流动，减轻了城市的交通和公共服务压力。

六是对中心城区房价产生平抑作用。小城镇建设满足了农民的住房需求，避免了农民涌入中心城区买房，同时又吸引了中心城区居民到这里来居住，缓解了住房供需矛盾，起到了平抑房价的作用。

七是扩大内需明显拉动经济发展。比如，华明镇建设投入（包括农民搬迁费用）约 50 亿元，带动了冶金、建材、建筑、装备、家电、家具、家政等相关产业的发展。华明示范工业园区预计投资 300 亿元。一个小城镇就投入 350 亿元，对内需的拉动是很明显的。

二、几点体会

几年来，我们通过宅基地换房等"四步走"做法，加快推进农村城镇化进程，走活了城乡统筹这盘棋。我们体会，城镇化是一个系统工程，需要用心把握、精心组织，注重顶层设计，坚持科学规划，尊重农民意愿，确保达到高质量好效果。

（一）带着深厚感情为农民办事

回顾新中国成立以来的历史，农民为国家发展做出了重大贡献，但他们同时也面临着许多难题。在新的发展时期，我们应当怀着一颗感恩的心，带着深厚感情，设身处地为他们着想，为他们办事。

1. 中国农民很伟大

农民为国家发展做出了重大贡献，主要体现在三个方面：贡献了农产品、农民工、农用地。它所体现出的是，农村对城市的包容。

农民贡献了农产品。国家通过工农业产品的价格"剪刀差"，获得大量建设资金，用以推动工业化的发展。我看过一个材料，当时仅"剪刀差"一项，农民就贡献了大约 7 000 亿元资金。

农民贡献了劳动力。农民工大量进入城市，脏活累活都是他们干，促进了城市的建设和发展，而他们的收入与付出并不对等。这应该是农民工为国家做出的一种隐性贡献。有人算过，改革开放以来，仅农民工为城市做出的隐性贡献就达到 8.5 万亿元。

农民贡献了农用地。农民不断地把自己的土地贡献出来，用于城市扩张和基础设施建设，很大程度上解决了城市发展的原动力问题。也有人统计，1987年至2007年，农民通过出让土地为国家至少做了4.5万亿元的贡献。

2. 农民的难题和困境

在做出这三个伟大贡献之后，农民站在工业化、城镇化的十字路口上，面临很多难题和困境。

农民贡献了农产品，还可以重复生产；贡献了劳动力，也可以再生产。但失去土地之后，他们赖以生存的生产资料没有了，该何去何从？

由于外出打工，农民工东西南北大流动，不但给交通带来了巨大压力，也给农村带来了空巢老人、留守儿童等社会问题，农村"空心化"现象越来越严重。农民工在城市的权益得不到有效保障，现在还有大约2亿农民工没有融入城市生活。

3. 对农民怎么支持都不为过

"三农"问题的核心是农民问题。中国农民数量庞大，现代化进程中必须高度关注这个群体。没有农民的小康，就不会有全国的小康。农民问题解决不好，工业化难"化"，城镇化难"成"，社会稳定难"保"。

各级党委政府、各部门、各行各业必须真心实意地把农民问题解决好，使他们安居乐业有保障。

建设示范小城镇，实施城乡统筹发展，我们给予了强有力的政策支持。主要是：

示范小城镇建设。规划范围内的农民居住社区土地实行划拨；经营性土地出让金政府收益部分，全部返还小城镇，用于建设和管理；农民住宅纳入经济适用房计划，减免配套费；小城镇建成后新建企业交纳的各种税费，5 年之内市、区分享部分全部返还，用于民生补贴和管理支出；市财政还对小城镇基础设施、公益设施建设给予资助。

示范工业园区建设。土地指标优先安排；土地出让金政府收益部分全部返还；园区新办企业 5 年内税收返还；对园区基础设施建设贷款给予贴息。

农业产业园区建设。对不同规模和档次的大棚给予资金补贴，每亩最高 7 000 元。

"三改一化"。给予企业或个人贷款贴息、免征个人所得税、免征相关契税等支持。

村镇银行。给予税收返还和转贷款额度支持。

（二）坚持政府主导精心组织实施

加快城镇化建设，推进城乡统筹发展，必须明确一个问题，就是由谁来统筹。我们的做法是：由政府主导，完善顶层设计，通过市场化运作实现。

1. 政府主导什么

城镇化建设，政府必须发挥主导作用，完全交给市场是行不通的。作为城镇化的主导，政府发挥职能作用主要体现在：科学编制规划、制定政策措施、确定标准规范、做好群众工作。

2. 发挥市场作用

在政府主导下，充分发挥市场配置资源的作用，也是一条重要经验。比如，土地置换通过市场来完成，土地出让"招拍挂"，挖掘土地的最大价值，解决小城镇建设资金问题；成立投融资平台，向金融机构融资贷款，通过出让土地的运作，偿还银行贷款；通过招投标，择优选定小城镇建设施工和后期养管队伍。

3. 精心组织实施

示范小城镇建设，必须建立强有力的决策指挥体系。在市级层面，成立全市示范小城镇试点建设领导小组，加强领导；在部门层面，发改委、农委、建委、规划、国土、财政和环保等部门建立联动工作机制，形成工作合力；在区县层面，成立领导小组，一把手担任组长亲自抓；在乡镇层面，成立专门工作班子，做好群众工作；在施工现场，成立工程指挥部，协调解决工程建设中的各种问题。特别要说一下，各级主要领导必须高度重视，亲力亲为，靠前指挥，用心把握，必须倾注极大的心力。华明镇这一个试点，6年期间我去了100多次。

（三）坚持高起点科学规划

我们体会，规划对城镇建设太重要了。规划是指南针，是方向盘，是龙头，是基础。好的规划，就是先进生产力。我认为，布局决定格局、格局决定结局。

我们强调，要坚持"三高、三先、三后"，即：坚持高起点

规划、高水平建设、高效能管理，先规划后建设、先设计后施工、先地下后地上。我们还创建了小城镇建设总规划师制度，由总规划师全权负责把握小城镇的规划指导工作。

1. 符合城镇规划体系

确定全市空间发展战略规划。我们花一年多时间制定了"双城双港、相向拓展、一轴两带、南北生态"的空间发展战略规划。

构建城镇布局规划体系。战略规划明确后，全市编制了由城市主中心和副中心、郊区县 11 个新城、30 个中心镇和 70 个一般镇组成的四级城镇体系。

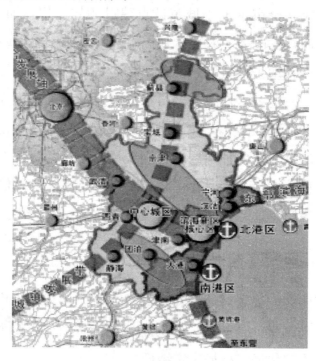

图9 四级城镇体系

图 10　城镇布局规划体系

　　我们以上述城镇规划体系为依据，开展示范小城镇具体规划和建设。

　　2. 遵循"两型社会"要求

　　建设新型小城镇，不仅仅是盖一批房子，把农民集中起来居住，而是构建一个新型的小城市、小社会。必须以科学发展观为指导，落实建设资源节约型、环境友好型社会的要求，做到节地、节水、节能、节材，实现绿色发展、低碳发展、循环发展。

　　比如：在节能方面，华明镇的建筑全部采取"三步节能"

法建造，农民大规模使用太阳能，广泛使用清洁能源，节约了大量能源资源。

再比如，在生态环境方面，规划贯穿了"生态张扬，建筑低调"的理念，华明镇成为一座绿荫下的新城，到处郁郁葱葱，是名副其实的田园小镇。

3. 注重产业发展

小城镇除了使农民安居之外，必须具备经济功能，统筹生产与生活。有了经济活动，农民才有就业，政府才有税收，小城镇才能可持续发展。华明镇规划时就预留了足够的产业发展空间，为"三区"联动发展奠定了基础。现在，华明镇的示范工业园区生机勃勃，很多高水平企业纷纷落户，发展前景十分广阔，已经成为小城镇发展的重要支撑。

图 11　华明工业园区

4. 完善社会服务

小城镇是农民生活的载体，城镇建设必须以人为本，让他们感到生活得很方便，很舒适。现在的华明镇，水电气热全部配套，各种文化、教育、医疗、体育、购物、娱乐等公共服务设施应有尽有，管理有序，服务完善，环境优美，文明祥和。

农民乐在其中，有滋有味，生活得很幸福。

5. 形成各自特色

"千镇一面"是城镇化建设中普遍存在的问题。我们在规划中强调深入挖掘不同小城镇的历史文化，根据各自地域风貌，形成各自特色。

比如，华明镇的建筑风格就体现了北方农村的特点，建筑色调沉稳，错落有致；津南区小站镇在规划中突出了"小站练兵"特色和水稻种植传统，建筑体现了徽派民居风格，被誉为"北方徽城"。

我感到，加快推进城镇化，最重要的是搞好顶层设计，突出"一个中心"、"两个重点"。"一个中心"就是搞好全国城镇化的规划体系，形成以城市群为主导、大中小城市相匹配的城镇体系，重塑经济地理版图。"两个重点"，一个是产业发展就业功能的提升，另一个就是公共服务功能的完善，这两条是提升城镇化质量水平的关键。

（四）充分尊重农民意愿

社会主义事业是人民群众自己的事业。推进城镇化建设，衡量我们工作的主要标准，是农民拥护不拥护、赞成不赞成、高兴不高兴、答应不答应。我认为，改革开放以来，我们的政策和工作能够得到群众拥护，一是给他们带来了实惠，二是让他们发扬了民主。也就是经济上有实惠，政治上有民主。城镇化工作要创造条件，让农民参与，让他们自主选择，自主决策，认真解决农民的关切。

321

1. 首先要依法依规

要把所有工作置于法律框架之内，做到有法可依，规范运作。

宅基地换房是一系列行政法律关系与民事法律关系的综合，体现的是一种具有自愿交易性质的新型征收补偿行为，是在现有法律框架内，对我国土地流转制度和小城镇建设制度进行的改革与探索，必须在总体制度上完全具备合法性。

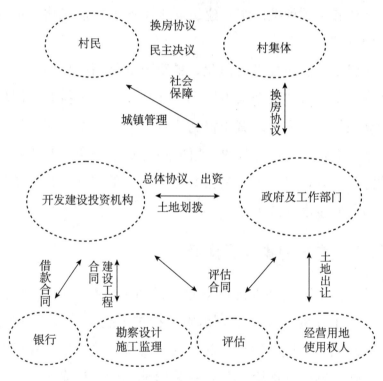

图12 宅基地换房中各主体间的法律关系图

宅基地换房的核心法律关系是一种新型置换关系，建立在平等自愿的基础上。华明镇在宅基地换房中，农民、村委会、滨丽公司、镇政府之间总共要签署六份具有法律效力的文书和协议，严格遵循了不强求、不强制、不强拆的原则。区县人大常委会围绕宅基地换房建设示范小城镇形成决议，颁布相关规范性文件，做到有法可依。

我们还组织南开大学的教授，专门开展了宅基地换房法律关系研究，他们认为宅基地换房的总体设计完全符合现行法律和国家政策规定。

2. 95％与5％

没有广大农民的理解和支持，推进城镇化欲速则不达。我们明确，农民要100％参与讨论，要达到95％表示拥护，5％表示不反对。不反对就是同意搞宅基地换房这项工作，但也提出了各种各样需要解决的问题。比如华明镇部分农民提出了11类问题，我们逐一把问题解决好。我们规定，凡是达不到95％与5％标准的，一律不能开展示范小城镇建设。

第一，农民自愿申请换房，征地补偿分配、置换标准制定、房屋测量、房型选择等环节，让农民自主选择；第二，农民自愿整理好自己的宅基地，并签署换房协议；第三，充分发挥农村基层组织作用，以村民代表大会形式听取意见和建议，对人员界定、房屋测量、评估认定、新房分配等，都要张榜公布；第四，算好土地和资金平衡账，让农民住得起，防止小城镇建起来了，农民背上沉重债务包袱，缴不起各种费用。

（五）坚持改革创新

1. 天津的探索符合天津的实际

天津是大城市，区位优势比较明显。随着滨海新区纳入国家发展战略，经济快速发展，农村土地的级差效应更加明显。近郊农村的农民人均占有耕地少，就业渠道广，特别是这几年从事工业、服务业的越来越多，对土地的依附性日趋减弱，传统的村庄功能在逐步消失。另一方面，广大农村基础设施薄弱，农民生产生活条件相对较差，对城镇化的要求非常强烈。我们搞宅基地换房，恰恰是针对这一实际情况，适应了当时天津发展的要求。

在推进城镇化过程中，我们进行了积极探索，在很多方面实现了创新发展。比如：农村土地流转制度创新、农村集体经济组织形式创新、小城镇建设投融资方式创新、小城镇管理体制创新、小城镇综合执法体制创新、农村社会保障制度创新等。这些都是从天津实际出发做出的探索。我们国家大，各地情况差异很大，都应当从各地的实际情况出发，选择自己的发展路子。

2. 当前应当抓住城镇化这个"牛鼻子"

工业化、城镇化、信息化、国际化、基础设施现代化，被称为未来20年推动我国持续发展的五个"发动机"。我认为，城镇化是最大的"发动机"。抓住了城镇化这个"牛鼻子"，加大改革创新力度，就可以较为系统地解决城乡差别扩大、收入差距拉大、内需动力不足、社会管理难题增多等问题。

当前全国城市居民和农村居民的收入比是 3：1，从某种意义上说，农业人口比重高的地区总体收入增长就慢，城乡差别就大。因此，加快推进城镇化，促进劳动力向非农产业转移，是缩小城乡差别和收入差距的根本措施。

城镇化创造需求，工业化创造供给。我们讲扩大内需，最大的内需源泉是城镇化，最雄厚的内需潜力在城镇化。现在有两亿多农民在城乡之间流动，没有稳定下来，如果其中一亿农民稳定下来，进入城市或者进入小城镇，就会带来巨大的内需。我初步算了一下，每个进城农民的住房、基础设施、公共服务等需求，至少可以拉动 20 万元投资，1 亿人就可以拉动 20 万亿的投资。未来 8 至 10 年之内，城镇化至少可以拉动经济年均增长 3 个百分点左右。因此，城镇化建设是最大的"发动机"。

中国的农民工大流动，两亿农民没有完全融入城市，游离在体制之外，产生了许多社会矛盾，也带来了交通拥堵、贫困人口聚集、环境污染等很多困扰城市的问题。城镇化可以有效解决农村劳动力就地就近就业问题，既可以增加农民收入，缩小贫富差距，又可以从根本上缓解交通运输、社会管理等方面的巨大压力，促进社会公平正义，维护社会和谐稳定。

最后，我引用一句法国社会学家孟德拉斯的话作为结束。这句话出自他的《农民的终结》一书：全世界 20 亿农民站在工业文明的入口处，是这个时代向社会科学提出的主要命题。

325

当代中国，这一重大命题再次凸显了出来。我相信，在党中央的正确领导下，通过广大干部特别是广大农民的共同努力，一定会做好城镇化这篇大文章。

编后语

近年来，国家行政学院围绕党和政府中心工作和重点任务，会同中央有关部委共同举办专题研讨班，取得了凝聚干部共识、推动改革开放、促进工作落实的培训实效；成为凸显学院办学特色的品牌班次。教材建设是搞好公务员培训的一项重要工作。为了帮助广大公务员特别是高中级公务员学习贯彻党和国家的重要方针政策，国家行政学院汇集有关专题班的重要报告和授课内容，编辑出版高中级公务员专题培训班系列教材。

《中国城镇化建设读本》是本系列教材第一册。读本围绕着中国城镇化建设这一重大课题，选编了国务院领导同志、部委和省市负责同志于 2012 年 9 月在国家行政学院举办的省部级领导干部推进城镇化建设专题研讨班上的讲话、报告和授课文稿，内容具有很强的针对性、政策性和指导性，本书可作为各级干部培训院校和公务员学习贯彻党的十八大精神，做好我国城镇化建设工作的培训教材。

国家行政学院专题研讨班

系列教材编辑组

2012 年 11 月